Lernkrimi Französisch

Schüsse in Versailles

Coups de feu à Versailles

Rosemary Luksch

Compact Verlag

Bisher sind in dieser Reihe erschienen:

- Compact Lernkrimi Englisch, Französisch, Italienisch, Spanisch: Grundwortschatz, Aufbauwortschatz, Grammatik, Konversation
- Compact Lernkrimi Englisch GB/US: Grammatik, Konversation
- Compact Lernkrimi Business English: Wortschatz, Konversation
- Compact Lernkrimi Deutsch: Grundwortschatz, Grammatik

In der Reihe Schüler-Lernkrimi sind erschienen:

- Compact Schüler-Lernkrimi Englisch, Französisch, Spanisch, Latein
- Compact Schüler-Lernkrimi Deutsch: Grammatik, Aufsatz
- Compact Schüler-Lernkrimi Mathematik

In der Reihe Lernthriller sind erschienen:

- Compact Lernthriller Englisch: Grundwortschatz, Aufbauwortschatz, Grammatik, Konversation

In der Reihe Lernstory Mystery sind erschienen:

- Compact Lernstory Mystery Englisch: Grundwortschatz, Aufbauwortschatz

In der Reihe Lernkrimi History sind erschienen:

- Compact Lernkrimi English History: Grundwortschatz, Aufbauwortschatz, Grammatik, Konversation

In der Reihe Hörbuch Lernkrimi sind erschienen:

- Compact Hörbuch Lernkrimi Englisch: Geübte Anfänger, Fortgeschrittene

Weitere Titel sind in Vorbereitung.

Chefredaktion: Dr. Angela Sendlinger
Redaktion: Grit Sperlich
Fachredaktion: Tristan Coignard
Produktion: Wolfram Friedrich
Titelillustration: Karl Knospe
Typographischer Entwurf: Maria Seidel
Umschlaggestaltung: Carsten Abelbeck

ISBN-13: 978-3-8174-7617-6
ISBN-10: 3-8174-7617-5
7276173

Besuchen Sie uns im Internet: www.compactverlag.de

Vorwort

Mit dem neuen, spannenden Compact Lernkirmi können Sie Ihre Französischkenntnisse auf schnelle und einfache Weise vertiefen, auffrischen und überprüfen.
Inspektor Cliquot erleichtert das Sprachtraining mit Action und Humor. Er und seine mysteriösen Fälle stehen im Mittelpunkt einer zusammenhängenden Story.
Der Krimi wird auf jeder Seite durch abwechslungsreiche und kurzweilige Übungen ergänzt, die das Lernen unterhaltsam und spannend machen.
Prüfen Sie Ihr Französisch in Lückentexten, Zuordnungs- und Übersetzungsaufgaben, in Buchstabenspielen und Kreuzworträtseln!
Ob im Bus oder in der Bahn, im Wartezimmer, zu Hause oder in der Mittagspause – das Sprachtraining im handlichen Format bietet die ideale Trainingsmöglichkeit für zwischendurch.
Schreiben Sie die Lösungen einfach ins Buch!
Die richtigen Antworten sind in einem eigenen Lösungsteil zusammengefasst.

Und nun kann die Spannung beginnen ...

Viel Spaß und Erfolg!

Inhalt

Lernkrimi 5
Abschlusstest 135
Lösungen 139

Story

Inspektor Cliquot ist der beste Mann der Pariser Polizei. Wenn die Fälle mysteriös werden, die Polizei nicht mehr weiter weiß, ist Cliquot derjenige, der sich in die Untiefen der Pariser Verbrecherszene wagt.

Endlich Wochenende. Cliquot freut sich auf einen erholsamen Sonntag zu Hause, aber seine Assistentin Nathalie überredet ihn zu einem Ausflug nach Versailles. Das gemeinsame Picknick wird plötzlich gestört, als eine junge Frau vor ihren Augen angeschossen wird. Trotz einer abenteuerlichen Verfolgungsjagd durch den Park von Versailles kann Cliquot den Täter nicht fassen. Ist es wirklich nur ein Akt der Eifersucht gewesen, wie die junge Frau behauptet? Und was haben ein gestohlenes Gemälde und der Bruder des Opfers mit der Sache zu tun? Bei ihren Ermittlungen geraten Cliquot und Nathalie schon bald auf eine heiße Spur, die sie zu einem zwielichtigen Richter führt. Wird es ihnen gelingen, dessen dunkle Machenschaften aufzudecken und ihn zu überführen?

Un samedi en juillet. L'inspecteur Cliquot venait de s'allonger sur le sofa de son salon en soupirant d'aise. Il espérait digérer tranquillement, pendant une courte sieste réparatrice, le repas trop copieux qu'il avait mangé à midi. Son estomac était lourd comme du béton. Il posa sa tête sur le coussin, se détendit, loin du stress des enquêtes de la semaine. Il se réjouissait à l'avance d'un week-end sans problèmes, sans heurts et sans rendez-vous.
«Les week-ends sont faits pour se reposer.» pensa-t-il avec plaisir et ferma les yeux.

*Übung 1: Schreiben Sie Sätze mit **être fait pour**! Achten Sie auf die Verbform!*

1. le samedi (se détendre)

   Le samedi est fait pour se détendre.

2. les vacances (s'amuser)

   Les vacances sont fait pour s'amuser

3. les paroles (prononcer)

   les par sont fait pour prononcer

4. la soupe (manger)

   la soupe est fait pour manger

5. les voitures (rouler)

   les voitures sont fait pour rouler

Son téléphone portable sonna. Ou disons plutôt que la Marseillaise retentit. Il s'était finalement habitué à cette sonnerie musicale un peu bizarre. Au début, il se mettait toujours automatiquement au garde-à-vous en entendant les notes de l'hymne national français, à chaque fois qu'on l'appelait.

Il se leva en grommelant qu'on ne pouvait jamais avoir une minute de paix et alla prendre son mobile qui était resté sur le guéridon, la petite table ronde de l'entrée.

«Oui, allô!» grogna-t-il sur un ton brusque.

Qui osait l'importuner au moment de sa sieste? Quiconque lui téléphonait à cette heure était le malvenu. Cette personne devait se rendre compte qu'elle le dérangeait énormément et qu'il n'avait absolument pas envie d'être agréable.

«Inspecteur Cliquot, c'est vous? Je vous dérange?»

ÜBUNG 2 !

Übung 2: Setzen Sie die Sätze in die direkte Rede!

1. Il a dit qu'il avait trop mangé.

   «J'ai trop mangé.»

2. Il décida qu'il pouvait bien faire une petite sieste.

   « Je peux bien " " »

3. Il se dit que son assistante et lui avaient beaucoup travaillé dans la semaine.

   « Mon a. et moi avons bcp. trav... »

4. Il a dit que les enquêtes étaient toujours compliquées.

   « les equêtes sont t... »

5. Il s'est demandé qui osait l'importuner au moment de la sieste.

   « Qui ose l' " " »

«Quelle question, pensa-t-il. Bien sûr qu'elle me dérange!»
Mais ayant reconnu la voix de Nathalie Claudel, son assistante préférée – il faut préciser aussi qu'elle était sa seule assistante –, il n'en dit rien.
«Non, non, vous ne me dérangez pas du tout. Que puis-je faire pour vous?
– Oh! rien de grave. Je me demandais si vous auriez envie de m'accompagner à Versailles demain? Je n'ai encore jamais vu les fontaines musicales et il paraît que c'est une attraction qu'il faut voir absolument, que ça vaut le détour. Le temps va être formidable, si on en croit les prévisions météorologiques. Ils ont annoncé un temps chaud et sec pour toute la journée. Je pourrais préparer un pique-nique et on mangerait sur l'herbe en attendant l'heure des fontaines, en début d'après-midi. Qu'en pensez-vous?
– Un pique-nique…» répéta-t-il sans grand enthousiasme.
Cliquot avait horreur des pique-niques. En plus à Versailles, un dimanche de juillet! Il allait y avoir un monde fou! Adieu, week-end paisible et reposant! Il réfléchit. Comment refuser avec diplomatie?
Remarquant son hésitation, Nathalie, qui n'était jamais à bout d'arguments, reprit: «Je ne veux pas vous obliger, inspecteur. C'était une idée comme ça, sans plus. Je n'ai pas envie d'y aller seule… Mais si vous préférez vous reposer ce week-end, je trouverai bien quelqu'un pour m'accompagner!»
Le connaissant, elle se doutait bien du résultat de ces derniers mots.
Cliquot sursauta. Quelqu'un d'autre pour l'accompagner? Qui donc? Sûrement un homme. Jamais de la vie! Il préférait renoncer à tout espoir de passer son week-end au calme. Il ne désirait pas que sa jeune et jolie assistante aille à Versailles en compagnie d'un de ces jeunes mâles sans intérêt! Il se devait de la protéger moralement et physiquement. Lui au moins était un homme mûr, réfléchi

et considéré. Si quelqu'un devait accompagner Nathalie, ce serait lui et personne d'autre!

ÜBUNG 3 !

Übung 3: Übersetzen Sie die Wettervorhersage!

1. heftige Gewitter des violents orages
2. Schneestürme des tempêtes de neige
3. Es ist neblig. il y a du brouillard
4: Es ist heiß. il fait chaud
5. überfrierende Nässe (Regen) de la pluie grivonth
6. ein starker Wind un vent fort

C'est pourquoi il préféra mentir:

«Non, non. Ce sera un plaisir de pique-niquer avec vous.

– C'est formidable, inspecteur! Je passe vous prendre devant chez vous, demain à onze heures. Ça vous va?»

Onze heures. Au moins, il pourrait faire la grasse matinée. Il avait horreur de se lever tôt le dimanche.

«Oui, oui, c'est très bien. Je vous attendrai en bas, sur le trottoir.»

Il ne craignait pas de devoir attendre très longtemps car il savait que Nathalie était la ponctualité en personne, tout comme lui d'ailleurs.

«À demain, inspecteur.

– C'est ça. À demain.»

Nathalie se réjouissait vraiment de ce rendez-vous.

Elle appréciait beaucoup la compagnie de son nouveau chef, même si celui-ci avait parfois des méthodes d'investigation un peu bizarres. Elle l'avait aidé par deux fois à résoudre des affaires plutôt difficiles, celle du masque du Roi-Soleil et celle du vin de la mort. Les enquêtes sur le terrain lui plaisaient plus que de fouiller dans les dossiers poussiéreux des archives, dans la cave de la préfecture. Elle adorait son métier d'archiviste, mais son allergie à la poussière, impossible à éviter dans ce domaine, la faisait de plus en plus souffrir. Les enquêtes avec l'inspecteur avaient au moins l'avantage de se passer à l'extérieur, donc loin de la poussière, et d'être toujours très intéressantes et aventureuses.

Übung 4: Welche Ausdrücke haben eine ähnliche Bedeutung? Setzen Sie die richtige Ziffer ein!

ÜBUNG 4 !

1. enquête	3 métier
2. à toute heure	5 ponctuel
3. profession	4 perquisitionner
4. fouiller	6 trouver une solution
5. à l'heure	2 tout le temps
6. résoudre	1 investigation

De son côté, Cliquot restait à fixer pensivement son téléphone. Il n'avait absolument pas envie d'échanger sa paix dominicale contre un bain de foule à Versailles mais éprouvait tout de même une certaine satisfaction: Nathalie n'aurait pas de mauvaises fréquentations ce week-end. Il reprit le chemin du salon.

«Bon! Et bien, va pour un pique-nique! Je n'en mourrai pas, après tout. Qu'est-ce qu'il ne faut pas faire pour faire plaisir à ces dames, quand même!»

Il s'imaginait tout à coup dans le rôle du Don Juan entouré d'admiratrices. L'inspecteur n'avait encore jamais manqué de confiance en lui. C'est vrai qu'il était bel homme, même s'il se déplaçait dans la vie comme un éléphant dans un magasin de porcelaine.

Il se laissa à nouveau tomber sur son canapé.

«En tout cas, les galanteries, ce sera pour demain. Pour l'instant, rien ne m'empêche de reprendre mes activités là où elles ont été interrompues, se dit-il. Une bonne sieste, il n'y a rien de tel pour reprendre de l'énergie!»

Et son instinct lui disait que de l'énergie, il en aurait besoin pour survivre à la journée du lendemain.

! ÜBUNG 5

Übung 5: Welche Substantive sind männlich, welche weiblich? Schreiben Sie sie mit dem richtigen bestimmten Artikel!

(jupe, chemise, chemisier, robe, maillot de bain, chaussettes, pantalon, short, sandales, manteau)

männlich	weiblich
	la chemise

Le lendemain matin, Cliquot attendait en bas de chez lui, comme prévu. Il avait mis ses habits du dimanche. Après avoir hésité un long moment devant la glace de la penderie dans sa chambre à coucher, il avait opté pour des vêtements chic mais pratiques: chic pour faire honneur à Nathalie, pratiques à cause du pique-nique. La seule concession qu'il n'était pas prêt à faire, c'était de renoncer à

son béret. Le béret, c'était Cliquot et Cliquot, c'était le béret. Pas moyen de les séparer. Il le portait en toute occasion.
Un cabriolet jaune, capote ouverte, vint se garer un peu plus loin le long du trottoir, mais l'inspecteur ne bougea pas. Ce n'était pas pour lui que cette ravissante conductrice s'arrêtait.

*Übung 6: Setzen Sie die richtige Form von **tout** ein!*

Normalement, Nathalie conduisait une petite Renault verte (1.) toute simple. De (2.) toute ! façon, un cabriolet n'était pas du (3.) tout du goût de l'inspecteur. Ce n'était pas la peine d'y faire attention. Il n'aimait ni l'air frais, ni les insectes.

«Ça, c'est bon pour les autres, mais pas pour moi!» pensa-t-il (4.) tout haut.

Il regarda sa montre. Serait-elle en retard pour la première fois?

Il glissa de nouveau un regard vers la personne au cabriolet. Elle aussi semblait attendre quelqu'un. Elle portait un foulard sur la tête pour empêcher le vent de la décoiffer et une paire de grosses lunettes de soleil (5.) toutes ! noires. Elle semblait également s'intéresser à lui.

«Qu'est-ce qu'elle me veut?»

Tous ses sens de policier méfiant furent brusquement en éveil.

Mais non, après (6.) tout__________, elle ne semblait pas bien dangereuse.

Elle lui souriait de (7.) toutes__________ ses dents comme pour une publicité de dentifrice. Elle lui fit un petit signe le la main, puis, baissant ses lunettes pour le regarder par-dessus le bord, lui lança de loin: «Alors, inspecteur, vous ne montez pas?»

Il en resta (8.) tout__________ surpris. La jolie dame digne d'une photo des années cinquante n'était autre que Nathalie en personne.

Sa Nathalie! Il n'en croyait pas ses yeux. Il s'avança vers le véhicule.

«Ne me regardez pas comme si j'étais une apparition! C'est la voiture de ma soeur. N'est-ce pas fantastique qu'elle me l'ait prêtée par ce temps magnifique? Ce sera un vrai plaisir de rouler à l'air frais.

– Hum…»

Cliquot en doutait. Son assistante avait vraiment de drôles d'idées quelquefois. Il enfonça son éternel béret basque un peu plus profondément sur ses oreilles, prêt à se battre contre les éléments, le vent et les insectes.

Fixant la coiffe de l'inspecteur, Nathalie demanda:

«Vous croyez vraiment que vous allez en avoir besoin par cette chaleur?

– Il ne me quitte jamais! Il fait partie de moi!» déclara-t-il, et ça, c'était sans discussion. Il n'enlèverait son béret pour rien au monde. C'était comme une marque de fabrique.

Nathalie le comprit, fit la grimace et n'ajouta rien.

Cliquot coinça tant bien que mal ses longues jambes dans la voiture. Déjà dans les voitures classiques, il avait des difficultés à prendre place, mais là, on aurait dit qu'il s'installait dans une boîte à sardines. Au moins, en hauteur, la place suffisait: il n'était limité par aucun plafond.

Il jeta un coup d'œil par-dessus son épaule et découvrit la glacière sur le siège arrière, comprenant qu'il n'échapperait pas au fameux pique-nique.

Nathalie avait certainement pensé à tout, comme toujours.

Übung 7: Setzen Sie das richtige Objektpronomen ein!

ÜBUNG 7 !

1. Cliquot est étonné de voir Nathalie, il n' ________ revient pas.
2. Ce rendez-vous? Je n' ________ avais plus pensé!
3. Quand il reconnut son assistante, il ________ resta bouche bée.
4. Il n'est pas sûr que ce sera un plaisir, il ________ doute même.
5. Les insectes, il ________ déteste.
6. Un béret basque par ce temps? ________ aura-t-il vraiment besoin?

Nathalie démarra.

«Vous ne m'aviez pas reconnue? demanda-t-elle d'un air malicieux.

– Pourquoi ne vous êtes-vous pas avancé jusqu'à moi?» dit-il au lieu de répondre à sa question.

Cela l'amusait de le perturber. Elle rit.
«C'est tout simple. Vous vous trouviez en zone de stationnement interdit. Moi non.»
Un peu plus tard, ils étaient sur l'autoroute en direction de Versailles.
Ils arrivèrent sur place peu avant midi. Nathalie prit la direction de l'entrée du côté du Grand Canal.
«Je préfère ne pas me garer près de l'entrée principale, sur la place d'armes. Il y a trop de touristes et c'est en plein soleil, déclara-t-elle.
Nous allons passer par-derrière. C'est plus agréable sous les arbres. Et nous aurons à marcher moins loin avec notre pique-nique. J'ai pensé qu'on pourrait s'installer le long du Grand Canal. Nous aurons une vue superbe sur le jardin, les fontaines et le château.»
Cliquot n'avait pas d'avis sur la question. Il connaissait très peu Versailles. Il avait visité le château dans le temps avec ses parents. Mais il y avait très longtemps, une éternité même. Il ne lui en restait qu'un vague souvenir.
Ils durent attendre leur tour à l'entrée pour payer le droit de passage de la voiture.
«5,50 euros le week-end. Ce n'est pas donné!» s'écria Cliquot, en lisant le panneau.
Et comme il ne sortait pas son porte-monnaie, Nathalie paya. Elle avait déjà eu plusieurs fois l'occasion de remarquer que son chef sortait rarement son argent. Il trouvait toujours toutes sortes d'excuses pour limiter ses propres frais, du genre: «J'ai oublié ma bourse» ou «Je n'ai pas de monnaie». Régulièrement, c'était elle qui payait. Elle ne s'en étonnait même plus.
Quand ils eurent pris leur ticket, ils s'avancèrent lentement dans le parc. Il y avait énormément de monde. Pour les piétons et pour les bicyclettes, l'entrée était gratuite.

Übung 8: Sind diese Aussagen richtig?
Markieren Sie mit richtig ✔ oder falsch –!

1. Ils arrivent dans le parc vers 12 heures. ☐
2. Cliquot n'est encore jamais venu au château de Versailles. ☐
3. Cliquot a oublié son porte-monnaie. ☐
4. C'est presque toujours Nathalie qui paie. ☐
5. L'entrée dans le parc pour les voitures coûte toujours 5,50 €. ☐
6. L'entrée du parc ne coûte rien pour les touristes et les vélos. ☐

Le trajet en décapotable sur l'autoroute avait paru bruyant et incommode à Cliquot. Tout le long du trajet, il avait tenu son béret à deux mains de peur qu'il ne s'envole. Mais maintenant qu'ils roulaient au pas, sous les arbres, le cabriolet avait des avantages. Ce n'était pas désagréable de profiter directement des sensations de la nature.

Ils trouvèrent une place pour parquer le véhicule à l'ombre, se garant parmi une longue file de voitures principalement immatriculées en France.

«Ici, ce sont les habitués, souffla Nathalie. Les touristes prennent plutôt l'entrée principale.»

Elle ferma la capote du cabriolet. Cliquot se saisit de la glacière.

«Elle pèse une tonne! s'écria-t-il.

– Et oui, on ne mourra pas de faim!» s'exclama Nathalie en riant.

Elle-même portait deux petites couvertures pour s'asseoir. Ils remontèrent ainsi à pied le chemin vers le Grand Canal jusqu'à ce qu'ils trouvent un emplacement libre. Là aussi, la foule était énorme. Ils n'étaient pas arrivés particulièrement de bonne heure et les meilleures places étaient déjà occupées. Les gens étaient assis partout sous les arbres, en bordure du chemin. Certains pique-

niquaient déjà, d'autres jouaient au badminton ou au ballon. Des enfants se poursuivaient en criant.
«Il n'y a qu'en région parisienne qu'on trouve des gens assis sur le moindre bout de pelouse, même en pleine ville, remarqua Nathalie. En plein Paris, les gens étalent une couverture sur l'herbe dans les jardins publics, même les plus minuscules, et lisent ou discutent, avec la circulation qui passe tout autour d'eux. Ça fait plaisir à voir.»
La bonne humeur de la jeune femme était constante.

! ÜBUNG 9

Übung 9: Welches Wort ist das „schwarze Schaf"?
Unterstreichen Sie das nicht in die Reihe passende Wort!

1. s'asseoir, se lever, se réveiller, se coucher
2. discuter, parler, écouter, crier
3. texte, lire, livre, document
4. évidemment, énormément, emplacement, directement
5. à pied, à cheval, en voiture, à vélo
6. plaisir, heureux, satisfait, content

Cliquot fit la grimace. Quel plaisir! Du bruit, de l'agitation et encore du bruit! Il déposa la lourde glacière avec un «ouf» de soulagement. Son bras avait rallongé de deux mètres.
Puis ils étalèrent les couvertures sur le sol. Cliquot s'installa et essaya de trouver une position assise pas trop inconfortable, chose quasiment impossible, le terrain étant très inégal, plein de creux et de bosses et, de plus, légèrement en pente. Il regarda autour de lui pour voir s'il n'y avait pas mieux ailleurs. Mais non. Aucune place de libre à proximité. Il fallait qu'il se fasse à l'idée que ce pique-nique serait une torture pour son dos. Non vraiment! Quel plaisir y avait-il à manger à l'extérieur? Sa mauvaise humeur croissait.

Nathalie, elle, était très à l'aise. Elle papotait sans arrêt.
«J'adore les pique-niques. Ça me rappelle mon enfance, avec mes parents et ma sœur… Ça va, inspecteur, vous êtes bien?»
Pour rien au monde il n'aurait avoué à la jeune femme qu'il craignait pour son dos. Pas la peine de mettre en évidence la différence d'âge qui les séparait.
«Oui, oui, ça va aller.»
Il ne savait trop que faire de ses longues jambes encombrantes. Il décida de les laisser dépasser de la couverture, dans l'herbe.
C'est là que les fourmis les découvrirent.
«Il y a des fourmis partout!» dit-il, excédé.
– Ça, ce sont les joies de la nature, sourit Nathalie dont rien ne pouvait troubler l'optimisme.
– Les joies de la nature? Tout le plaisir est pour les fourmis! Elles semblent m'adorer.» dit-il ironiquement en les balayant de la main.
Nathalie ouvrit la glacière pour lui changer les idées.

Übung 10: Unterstreichen Sie die passende Alternative!

ÜBUNG 10 !

«Les fontaines (1.) se terminent/commencent à quinze heures. Nous avons tout le temps (2.) de/à manger tranquillement et de digérer un peu à l'ombre avant de nous promener dans le parc pour (3.) les/lui admirer.»
Elle le mit au (4.) information/courant de leur programme:
«De 15 à 16.30 heures, il y aura la (5.) donnée/mise en eau des fontaines de la Grande Perspective, des bosquets de Rocailles et des Bains d'Apollon. Il faut s'arranger pour être au Bassin de Neptune peu avant 17 heures pour voir le grand final. Et le (6.) tous/tout en musique!»
Cliquot se dit qu'elle (7.) se réveillait/se réjouissait comme une

petite fille avant Noël. Sa bonne humeur était rafraîchissante. Elle lui faisait presque (8.) oublier/perdre sa propre mauvaise humeur.

En attendant, manger était une bonne idée. Le petit-déjeuner appartenait déjà à un passé lointain et son estomac le tiraillait. Se nourrir était un de ses passe-temps préférés, c'est pourquoi il devait continuellement surveiller son poids. Au fur et à mesure que Nathalie sortait les vivres qu'elle avait préparés, l'humeur de Cliquot s'améliorait.
«Vous nous avez prévu un vrai menu de fête! s'exclama-t-il. Du jambon cru et du melon en entrée.
– Des ailes de poulet et de la salade de riz en plat principal… poursuivit-elle, ainsi que de la baguette et du fromage. J'ai même prévu de la mousse au chocolat en dessert et un thermos de café» conclut-elle fièrement.
Le menu fit oublier à Cliquot les déplaisirs des repas pris en pleine nature. Il commença à charger son assiette en plastique qu'il tenait en équilibre instable sur ses genoux. Nathalie sortit encore les boissons.
«Vous avez le choix: de l'eau ou du coca? demanda-t-elle.
– Oh, un coca, merci.»
La boîte s'ouvrit avec un pschitt de fraîcheur prometteur. Il avait soif. Il en but une grande gorgée et déposa la boîte dans l'herbe à côté de lui.
«Posez votre serviette dessus, lui conseilla Nathalie. Les guêpes commencent à tourner autour de nous. L'une d'elle pourrait rentrer dans la boîte.»
Cliquot ne suivit pas le conseil de son assistante et prit un air supérieur pour répondre:
«Comme si elles étaient assez folles pour venir se noyer dans mon coca!»

Entre-temps, il en était arrivé au poulet et se léchait les doigts. Cela faisait plaisir à la jeune femme qu'il ait si bon appétit et qu'il se régale ainsi. Il reprit la boîte de coca pour en boire à nouveau un grand coup quand Nathalie sauta sur lui et lui arracha la boîte des mains au moment même où il allait la porter à ses lèvres…
«Mais… Mais que signifie…?» bégaya-t-il.
Elle vida le contenu de la boîte dans l'herbe ainsi que la guêpe qu'elle venait d'y voir entrer.
«En voilà une qui sait nager, dit-elle simplement. Je vais vous donner une autre boisson.»
Cliquot prit un air buté et ne la remercia même pas.
Nathalie sourit intérieurement. L'inspecteur n'aimait pas beaucoup qu'elle lui donne des conseils et il appréciait encore moins d'avoir tort. Elle ne lui en voulait pas. Il ne fallait pas essayer de changer les gens car, en général, le résultat était encore pire.
Elle aussi commença à manger du poulet, suivant des yeux le passage des promeneurs sur le chemin et les jeux des gamins.
«Quelle belle journée quand même, pensa-t-elle. Tout le monde est là pour le plaisir. Les Parisiens vont à la campagne le dimanche, de préférence au bord de l'eau, comme ici au bord du Grand Canal.»
Elle se rappela brusquement une chanson qu'ils aimaient chanter à tue-tête avec ses parents sur la route des vacances, quand elle était petite, et elle commença à la fredonner: «Allez hop! Tout le monde à la campagne! Allez hop, la la lala lala…, on sera bien mieux qu'à Paris!» Elle ne se souvenait plus des paroles exactes.
Cliquot la regarda avec curiosité. Il ne la connaissait pas aussi détendue et aussi peu sérieuse: «Vous n'allez pas bien? Vous avez trop pris le soleil dans le cabriolet?
– Ce n'est pas ça, mais vous ne connaissez pas cette chans… ho!!!»
Une femme qui courait vers eux saisit brusquement le bas de sa jupe longue et sauta par-dessus leur nappe improvisée et renversa

les boissons. Puis, elle continua sa course folle en jetant des regards inquiets par-dessus son épaule.
Cliquot et Nathalie se regardèrent.
«Ben, alors. En voilà des mauvaises manières!» commença-t-il.

ÜBUNG 11 !

*Übung 11: Beurteilen Sie das Benehmen der Person mit **bien élevée** oder **mal élevée**!*

1. Elle met ses doigts dans son nez. ____________
2. Elle jette du papier sur le sol. ____________
3. Elle laisse sa place assise aux vieilles personnes. ____________
4. Elle présente ses excuses quand elle dérange. ____________
5. Elle aide un aveugle à traverser. ____________

Mais il n'eut pas le temps de terminer qu'une deuxième personne, un homme cette fois-ci, prit son envol par-dessus leur couverture. Comme il n'avait pas autant d'élan que la jeune femme qu'il poursuivait, il atterrit avec un pied sur le camembert.
«Là, c'en est trop! Ils ne peuvent pas aller jouer ailleurs?» s'exclama Cliquot, indigné par le comportement de ces jeunes gens mal éduqués. Il se leva brusquement et s'élança avec l'intention de leur donner une leçon de bonnes manières. Malheureusement, il posa lui-même le pied dans le plat de riz, ruinant un peu plus la nourriture de leur pique-nique.
Soudain Nathalie s'écria.
«Attention! Il est armé!»
En effet, l'homme, qui courait toujours, tenait un revolver à bout de bras. Trop tard. Deux coups de feu se firent entendre et la femme

s'écroula au milieu de ses jupes colorées. Cliquot se précipita vers elle et posa un genou à terre pour évaluer son état. La première balle semblait avoir manqué sa cible, mais la deuxième avait atteint la jeune femme à la tête. Du sang coulait sous sa longue chevelure noire et formait une petite mare sur le sol. Elle ne bougeait plus et avait les yeux fermés. «La Belle au Bois Dormant.» pensa Cliquot.

Übung 12: Setzen Sie die Titel dieser Märchen und Fabeln wieder zusammen!
(et la Bête, et le renard, Poucet, et la fourmi, et les sept nains, et les trois petits cochons)

ÜBUNG 12 !

1. La cigale ______________________________

2. Blanche-neige ______________________________

3. La Belle ______________________________

4. Le petit ______________________________

5. Le loup ______________________________

6. Le corbeau ______________________________

Avec deux doigts, il lui prit le pouls à la base du cou et s'aperçut alors qu'elle vivait encore. Il cria à Nathalie de s'occuper d'elle et d'appeler le service d'aide médicale d'urgence, le SAMU, et chercha le fuyard des yeux.
Son attention fut attirée par un homme qui hurlait «Au voleur!».
Le tireur lui avait arraché son vélo des mains et s'enfuyait à toute vitesse en direction de l'autre sortie du parc, remontant une des grandes allées et évitant le monde du mieux qu'il pouvait. Le vélo

bleu avec des flammes orange était très reconnaissable et visible de loin.

«Il ne faut surtout pas le perdre de vue, se dit Cliquot. Attends un peu! Ça ne va pas se passer comme ça!»

L'inspecteur regarda autour de lui. Aucune bicyclette, aucun moyen de locomotion assez rapide, et le tueur qui menaçait de disparaître à tout instant! Que faire?

Et là, la solution se présenta: Ses yeux tombèrent sur un cheval qui se reposait à l'ombre, attaché par les rênes à une barrière, et qui attendait son tour pour tirer la calèche des touristes. L'inspecteur se précipita vers l'animal.

Il écarta d'un geste autoritaire le propriétaire qui s'avançait vers lui, la mine déterminée. Il lui colla sa carte de police sous le nez et hurla: «Je réquisitionne votre cheval. Police!

– Vous savez monter? fut la seule réaction de l'homme.

– Bien sûr, rien de plus facile! Tout le monde sait monter à cheval!»

Il posa un pied sur la barrière et grimpa sur le dos heureusement très large de l'animal.

ÜBUNG 13 !

*Übung 13: Setzen Sie **savoir** oder **pouvoir** in der richtigen Form ein! Achten Sie auf die Zeit!*

1. Nous ne ________________ pas encore si c'est une bonne chose.
2. Cliquot ________________-il bien monter à cheval?
3. «Qui veut ________________!» disent les Français.
4. Est-ce que tu ________________ m'aider à monter?
5. Les gens qui ont appris ________________ faire de l'équitation.
6. Si je ne ________________ pas monter, je ne monterais pas!

Le propriétaire lui passa les rênes et la bête, surprise par ce cavalier inattendu et maladroit qui lui donnait de grands coups de pieds dans les flancs, s'emballa et partit à toute vitesse. Heureusement, il galopait dans la bonne direction. Cliquot réussit tant bien que mal à maintenir le cheval sur les traces du criminel qu'il voyait filer à quelque distance sous les arbres. Heureusement, la foule ralentissait sa progression, si bien que Cliquot pouvait encore le suivre du regard, d'autant plus qu'il était maintenant en position élevée. L'homme pédalait, le cheval galopait, Cliquot manquait de perdre l'équilibre tantôt vers la droite, tantôt vers la gauche; il restait en haut comme par miracle. Il criait aux gens: «Écartez-vous! Place! Poooolice!» en faisant de grands gestes.

Übung 14: Unterstreichen Sie im folgenden Textabschnitt die acht Wörter, die falsch geschrieben sind!

Les pauvres promeneurs, qui voyait arriver droit sur eux cet équipage au grand galop, faisaient des yeux rond de frayeur et s'écartaient vifs pour lui laisser le passage.
Le cheval continuait sa course fou. Cliquot apercevait le vélo bleu et orange devant lui et, à sa grande satisfaction, la distance qui l'en séparait diminuait peu à peu.
«Attend un peu! Tu ne perds rien pour attendre!»
Son attention fut alors brusquement attiré par un blondinet qui se trouvait au milieu du chemin et qui regardait le cheval arrivée sans comprendre le danger, les yeux rêveurs et le pouce dans le bouche.

«Pousse-toi, gamin, pousse-toi!» hurla-t-il. Il tira sur les rênes pour essayer d'arrêter la bête, mais rien n'y fit. Le cheval était lancé à

fond comme le TGV sur le trajet Paris-Marseille. Cliquot, ne pouvant éviter une collision imminente, ferma les yeux. Rien ne se passa. Il les rouvrit et, jetant un regard par-dessus son épaule, il réalisa que la mère horrifiée avait enlevé l'enfant dans ses bras à la dernière seconde. Ouf! Quelle peur!
Ce court instant d'inattention avait cependant suffi pour qu'il perde de vue le tueur. Où était-il? Cliquot essaya de retrouver sa trace parmi les piétons, mais il l'avait bel et bien perdu. Plus de vélo bleu et orange: disparu, envolé!
Il enrageait. Il n'avait pas réussi à rattraper l'assassin. Le cheval, sans doute fatigué par sa course et la chaleur, était passé de lui-même du galop souple et arrondi, quoique très rapide, à un trot beaucoup moins rapide mais très inconfortable. Le dos de Cliquot était secoué comme s'il roulait avec des pneus carrés. Il devait reconnaître qu'il n'avait aucun contrôle sur l'animal et que celui-ci faisait ce que bon lui semblait. «Comment arrêter ce cheval?» se demanda-t-il à mi-voix.

ÜBUNG 15 !

Übung 15: Lesen Sie weiter und unterstreichen Sie die französische Übersetzung der folgenden Wörter!
(1. geradeaus, 2. umkehren, 3. links, 4. schätzte 5. sich festklammern, 6. beruhigend, 7. sich sorgen)

Il essaya avec des «ho, hoooo, hoooo» qu'il voulait rassurants. L'animal n'écoutait pas. Il tira alors sur les rênes une fois à droite, une fois à gauche. Le cheval montra qu'il n'appréciait pas du tout ce traitement en couchant les oreilles et en fouettant l'air de la queue, mais ne changea pas de direction pour autant. Il filait toujours en ligne droite au petit trot, comme si Cliquot n'existait pas. L'inspecteur commençait à s'inquiéter.

«Bon! Ce n'est pas tout ça! Comment l'arrêter et lui faire faire demi-tour maintenant?»
Pourtant, le problème ne se posa bientôt plus. Le cheval sembla être pris d'une idée soudaine, vira à droite et traversa la pelouse. L'inspecteur, surpris par ce changement de cap inattendu, dut s'accrocher pour ne pas tomber.
«Hoooolà! Doucement! Pas si vite!»

Il espérait secrètement que sa monture en aurait bientôt assez de courir et qu'elle désirerait, tout comme lui, retourner à son point de départ. Ou peut-être que l'animal avait faim et qu'il allait se mettre à brouter l'herbe tendre. Mais ses espoirs furent déçus car celui-ci ne ralentit pas. Au contraire, il repartit au galop… jusqu'à une fontaine devant laquelle il freina brusquement des quatre fers. Il n'avait pas faim. Il avait soif! Bien sûr, après cette course sous la chaleur, il voulait se désaltérer! Cliquot, qui ne s'attendait pas à cet arrêt brutal, fit un vol plané par-dessus les oreilles de la bête et atterrit assis au beau milieu de l'eau froide. Le cheval se mit à boire en le fixant d'un œil rond. Ne semblait-il pas s'amuser et se moquer de son ex-cavalier? L'inspecteur en avait la nette impression.
Il réalisa le ridicule de la scène et ne perdit pas un instant pour ressortir de la fontaine. Piteusement, il essayait d'enlever l'eau de ses chaussures, de l'une puis de l'autre, quand il vit un groupe de touristes qui le montraient du doigt en riant. Il entendit une petite fille crier: «Maman, regarde, il est tombé, le monsieur. Il est tombé dans la fontaine. On dirait une grenouille! Il est tout mouillé.»

Übung 16: Setzen Sie die Sätze in die richtige Reihenfolge!

1. Il s'est brusquement arrêté près de la fontaine.

2. La petite fille a fait part de ses observations à sa maman.

3. Le cheval changea brusquement de direction.

4. Cliquot s'est retrouvé assis dans l'eau froide.

5. Il ignora l'herbe tendre.

Reihenfolge: _ _ _ _ _

Instantanément, Cliquot décida qu'il haïssait toutes les petites filles du monde qui étaient trop observatrices.
Des Japonais attroupés commentaient la scène dans un jargon incompréhensible et prenaient même des photos.
«Trop c'est trop!» enrageait Cliquot, humilié d'être photographié comme un singe dans un zoo.
Il imaginait parfaitement chaque Japonais, de retour dans son pays, désigner la photo du doigt et faire rire toute une famille de petits Japonais.
Et comme si cela ne suffisait pas à son malheur, c'est à ce moment que l'un des gardes du parc arriva à grandes enjambées, l'air furieux. Cliquot reconnut sa fonction à l'uniforme de service.
«Qu'est-ce qui vous prend de mettre les gens en danger à travers tout le parc avec votre cheval?» hurla-t-il en approchant. Il gesticulait comme un diable et sortit un carnet de sa poche, avec l'intention de relever l'identité de ce clown irresponsable.

ÜBUNG 17 !

Übung 17: Formulieren Sie einen Vorwurf mit ***Qu'est-ce qui vous prend****! Achten Sie auf die Zeit!*

1. Er tritt in den Camembert!

Qu'est-ce qui lui prend de poser un pied sur le camembert?

2. (Madame) Sie haben unsere Getränke umgekippt!

3. (Die Leute) Sie bleiben mitten im Weg stehen!

4. (Der Aufpasser) Er brüllt!

5. Die Kinder hatten Angst!

«Ça va vous coûter cher! De plus, il est interdit de prendre des bains dans les fontaines du parc ou d'y faire boire des animaux, ajouta-t-il après réflexion, jetant un regard au cheval. Sans compter la pelouse que vous avez ruinée!»
«Il se comporte comme si c'était SON Parc.» pensa l'inspecteur qui se raidit, de très mauvaise humeur. Sans prendre la peine de répondre, il se retourna, repêcha tranquillement son béret dans la fontaine, l'essora et le déposa tout mouillé sur sa tête.
«Eh! Vous! Je vous parle! Nom et adresse, et que ça saute!» lui hurla de nouveau le gardien dans l'oreille, en lui tapotant sur l'épaule d'un index accusateur.
Là, c'en était trop!
Cliquot se tourna lentement vers lui.

Übung 18: Formulieren Sie die Teile des Dialogs in Klammern in die indirekte Rede um!

ÜBUNG 18 !

«Inspecteur Cliquot. (1. Je suis de la police judiciaire de Paris), dit-il en appuyant sur les mots.»

L'autre recula.
«Euh! (2. Excusez-moi, inspecteur, car je ne savais pas)…, bégaya-t-il.
– Eh bien, (3. maintenant, vous savez!) (4. Alors laissez-moi en paix!) (5. Vous gênez une enquête policière.) (6. Vous feriez mieux d'empêcher les criminels de tirer des coups de feu) sur des pauvres femmes innocentes, dans VOTRE Parc! C'est ça VOTRE boulot!» tonna Cliquot.

1. L'inspecteur Cliquot s'est présenté en lui disant

   qu'il était de la police judiciaire de Paris.

2. Le garde a bégayé

   ___

3. Cliquot a répondu

   ___

4. Alors il a exigé

   ___

5. Il lui a fait remarquer

   ___

6. L'inspecteur a affirmé

   ___

Cliquot, ayant saisi les rênes du cheval dans une main, l'entraînait derrière lui, méprisant les curieux, sans se retourner. Le gardien en resta tout interdit, le carnet devenu inutile à la main. Il se gratta la tête sous sa casquette avec son stylo.

«Ah, ben! Ils ont tous les droits dans la police. Je devrais changer de métier!» marmonna-t-il.
L'inspecteur marchait aussi fièrement que la situation le permettait. Ses chaussures, encore humides, faisaient du bruit. Trempé, il refit tout le chemin en sens inverse, à pied cette fois, sous le regard surpris et amusé des visiteurs du parc.
Quand il les vit arriver, le propriétaire du cheval s'empressa de récupérer sa bête et s'assura qu'elle n'avait pas de mal. Il grogna, de mauvaise humeur:
«Il est trop fatigué pour travailler maintenant! En voilà des idées quand même de faire galoper un cheval d'attelage comme ça, en plein soleil de midi, par cette chaleur!»
Cliquot était trop déprimé pour réagir. Il rageait de n'avoir pas pu rattraper le criminel.

Übung 19: Tragen Sie die passenden Berufsbezeichnungen ein und finden Sie das Lösungswort!

1. Il surveille, il est _ _ _ _ ☐ _ _
2. Il travaille dans un hôpital, il est _ ☐ _ _ _ _ _ _ _
3. Il donne des cours de français, il est _ _ _ _ _ ☐ _ _ _ _
4. Il éteint le feu, il est ☐ _ _ _ _ _ _
5. Il travaille la terre à la campagne, il est _ ☐ _ _ _ _ _
6. Il vend de la viande, il est _ _ _ ☐ _ _ _
7. Il est élu et dirige la France, il est _ _ _ _ _ _ _ _ ☐
8. Il fait du pain, il est _ _ _ _ _ _ _ ☐ _
9. Il fait des meubles, il est _ _ _ ☐ _ _ _ _ _
10. Il vend des médicaments, il est _ _ _ ☐ _ _ _ _ _ _

Lösung: Il travaille dans la police, il est _ _ _ _ _ _ _ _ _ _

Il se dirigea vers le groupe formé par les médecins, Nathalie, la victime et une foule de curieux. Entre-temps, Nathalie avait appelé le SAMU avec son portable. Elle se réjouit de voir réapparaître l'inspecteur sans aucun dommage. Il n'y avait que lui pour se lancer dans de telles aventures. On ne s'ennuyait jamais avec lui, mais on n'était jamais à l'abri de mauvaises surprises non plus. La femme blessée était visiblement une étrangère. Elle avait presque l'air d'une gitane par sa façon de s'habiller et sa jupe multicolore. Ses cheveux noirs et épais lui tombaient sur les épaules. Elle était mince et très jolie, quoique très pâle à cause de sa blessure. Pour le moment, elle reposait sans connaissance sur le brancard de l'ambulance, un gros pansement, que le médecin du SAMU lui avait fait, entourait sa tête.

«À quel hôpital l'emmenez-vous?» se renseigna Cliquot auprès du médecin qui se trouvait là.

Celui-ci leva les yeux, délaissant le formulaire qu'il était en train de remplir, et hésita devant l'air mal en point de son interlocuteur.

«Vous avez besoin de soins? Êtes-vous une deuxième victime? Est-ce que vous êtes tombé dans le Grand Canal?

– Non, non et non. Dans une fontaine.» rétorqua l'inspecteur en répondant aux trois questions d'un coup. Puis il ajouta ironiquement en jetant un regard à Nathalie: «Mais ce n'est pas grave, je sais nager, moi aussi.» Il faisait allusion à la guêpe et Nathalie comprit le message: une petite revanche personnelle.

ÜBUNG 20 !

Übung 20: Übersetzen Sie mit ***avoir l'air*** *oder* ***avoir l'air de*** *+ Infinitiv!*

1. Er sieht krank aus. *Il a l'air malade.*

2. Die Hunde sehen nicht böse aus.

3. Frau Durand, Sie sehen müde aus.

4. Sie sieht so aus, als ob sie Kopfschmerzen hätte.

5. Er sieht so aus, als ob er in den Grand Canal gefallen wäre.

6. Sie sieht aus wie eine Zigeunerin.

Le médecin ne savait pas trop que penser de ce bonhomme au comportement et à l'allure bizarres. En tout cas, il semblait en bonne santé, le reste n'était pas de son domaine. Il préféra répondre à la question que celui-ci avait posée en premier lieu.
«Euh… On l'emmène au centre hospitalier de Versailles, aux urgences.
– C'est grave? demanda Nathalie.
– Non, pas trop, elle a eu de la chance. La balle l'a seulement frôlée. Mais elle a quand même perdu du sang et elle a besoin de soins. Elle est sous le choc. Elle ne dit rien. Je ne suis pas sûr qu'elle comprenne le français. Vous la connaissez?»
C'est Cliquot qui répondit:
«Non, pas du tout. Nous ne l'avions jamais vue auparavant.»
Nathalie approuva de la tête.
«Tant pis. C'est pour mon rapport. Je n'ai pas son nom. Elle nous le dira quand elle ira mieux.» dit-il en haussant les épaules.
Sur ces mots, il referma la porte de l'ambulance et grimpa sur le siège à côté du conducteur, leur présentant son dos, sur lequel était écrit en lettres majuscules: S.A.M.U. 78 – pour le département des

Yvelines, dont fait partie Versailles. Puis, la camionnette blanche, ornée de la bande rouge et blanche et de l'étoile bleue à six branches, démarra dans un bruit de sirène pour inciter les gens à lui céder le passage, fendant la foule des curieux qui s'étaient rassemblés pour ne rien manquer du drame. Ceux-ci commencèrent alors à se disperser en discutant de l'évènement.

ÜBUNG 21 !

Übung 21: Unterstreichen Sie die richtige Übersetzung der Wörter!

1. Besitzer	propriété, propriétaire, propreté
2. Gewicht	poudre, poil, poids
3. wiegen	peser, passer, poser
4. fangen	amener, arrêter, attraper
5. Gebüsch	boisson, buisson, bois
6. unten	dessus, dessous, au-dessus

Brusquement, Cliquot se figea, fixant un homme qui passait à vélo… sur un vélo bleu avec des flammes orange.

«Mais ce n'est pas vrai! s'écria-t-il. Il ne manque pas de cran, celui-là!»

En une seconde, il fut sur le type qu'il attrapa par le col, souleva du vélo et plaqua au sol, comme le meilleur des judokas. Les roues de la bicyclette à terre tournaient encore dans le vide.

Cliquot, assis sur son adversaire, pesait sur lui de tout son poids.

«Alors, on revient toujours sur les lieux du crime. C'est ça, hein! Ou bien tu es venu achever le travail?»

L'homme, à moitié écrasé sous le poids de l'inspecteur, laissa échapper dans un souffle à peine audible: «Mais vous vous trompez…»

Il ne put continuer sa phrase. Cliquot se fit encore un peu plus lourd.
«C'est ça, hein! Je me trompe. Où est ton revolver, canaille! Tu l'as balancé dans un buisson?»
Nathalie intervint en le tirant par le bras.
«Inspecteur, ce n'est pas lui. Lui, c'est le propriétaire du vélo!
– Le propriétaire du vélo?» répéta bêtement le policier.
L'autre, de dessous l'inspecteur, confirma: «Oui, c'est mon vélo.»

Übung 22: Welche Wörter und Wendungen haben eine ähnliche Bedeutung? Tragen Sie die richtige Ziffer ein!

ÜBUNG 22 !

1. manquer de cran	☐ plutôt que
2. menacer	☐ avoir la compétence
3. buisson	☐ avoir peu de courage
4. être capable	☐ arbuste
5. au lieu de	☐ tandis que
6. alors que	☐ mettre en garde

Cliquot desserra son étreinte, mais juste assez pour que l'autre puisse s'exprimer.
«Je vous ai suivis et j'ai retrouvé mon vélo dans les buissons de l'autre côté du parc, près de la deuxième sortie. Le type me l'avait dérobé. Un vélo de cette valeur, ça ne se lâche pas! Alors j'ai couru aussi vite que je pouvais pour le rattraper.»
Il haletait, manquant d'air.
Cliquot l'aida à se remettre sur pieds et brossa la poussière de ses vêtements du revers de la main. À ce moment-là, il réalisa véritablement son erreur. En effet, le criminel était habillé différemment. Tous deux portaient des vêtements noirs, mais le fuyard était en

jean et chemisette assortie, tandis que le cycliste était vêtu en sportif, polo noir et short de course mi-long.
Il sermonna le jeune homme: «Pourquoi est-ce que vous n'avez pas dit tout de suite que le vélo vous appartenait, au lieu de me faire perdre mon temps inutilement?»
Puis, avec toute la mauvaise foi dont lui seul était capable, il menaça sa victime: «Ça passe pour cette fois, mais la prochaine fois, je vous colle un procès. Je n'ai pas de temps à perdre, moi!»
Le jeune homme ne discuta même pas. Il sauta sur son vélo, trop heureux de l'avoir récupéré et de pouvoir mettre fin à cette situation de fou. D'abord, il se faisait piquer son vélo. Puis, il se faisait attaquer par un policier agressif. Il décampa à toute vitesse, se demandant s'ils ne devenaient pas tous un peu débiles dans la police.

ÜBUNG 23 !

Übung 23: Bringen Sie die Satzteile in die richtige Reihenfolge!

1. (que prévu.) (de la pauvre Nathalie) (plus vite) (s'est terminé) (Le pique-nique) ______________________________

____

2. (trop heureux) (Le jeune homme) (son vélo.) (était) (d'avoir récupéré) ______________________________

____

3. (avaient gêné) (et les fourmis) (le repas.) (Les guêpes) ______________

____

Nathalie et Cliquot restèrent seuls sur place face à un pique-nique ruiné, toute la nourriture ayant été mouillée, écrasée, envahie par les guêpes et les fourmis. Ils en rassemblèrent les restes, qu'ils

mirent dans une poubelle. D'un commun accord, ils décidèrent de reporter le spectacle des fontaines musicales à une autre fois et de rentrer. Cliquot devait changer de vêtements et aucun des deux n'avait plus le cœur à la fête. Nathalie était triste que cette journée, qui aurait dû être superbe, ait été misérablement ratée.
Le lundi matin, le réveil sonna à six heures, comme toujours en semaine. Cliquot aimait se lever tôt pour commencer tranquillement sa journée. Son rêve de la nuit lui revint: Il remontait fièrement les Champs-Élysées sur le cheval de Louis XIV, une magnifique bête pleine de noblesse, et le peuple hurlait: «Vive Cliquot!» Même le préfet et le sous-préfet lui faisaient leur révérence. Au bout de l'allée, une fontaine magnifique resplendissait de tout son or sous le soleil.
Il voulut se lever. Aïe! Aïe! Aïe! Qu'est-ce que ses muscles lui faisaient mal! Mais qu'est-ce qu'il avait donc fait pour avoir des courbatures pareilles? Ah oui! Il se souvenait. Sa chevauchée de la veille! Ses muscles n'étaient pas habitués à ce genre de sport.
«Bon! Après un bon café et une bonne douche, ça ira mieux.» se dit-il. «Il faudrait que je fasse du sport plus souvent. Je vais peut-être me mettre à faire du cheval. Après tout, je ne me suis pas si mal défendu que ça, hier, quand j'y repense. Si le cheval avait été mieux dressé et si tous ces gens ne s'étaient pas mis au travers de mon chemin, j'aurais même été parfait!»
Cliquot ne connaissait jamais la fausse modestie. Il avait même une très haute opinion de ses capacités.

*Übung 24: Bilden Sie **si**-Sätze! Formulieren Sie dabei das Gegenteil!*

1. Cliquot a fait du cheval. Il a des courbatures.
   Si Cliquot n'avait pas fait de cheval, il n'aurait pas de courbatures.

2. L'inspecteur ne connaît pas la modestie, il est fier.

3. Il n'a pas encore pris sa douche, ses courbatures le font souffrir.

4. Vous n'avez pas lu les aventures de Cliquot, vous ne connaissez pas le personnage.

«Bon, d'accord, je ne l'ai pas rattrapé, ce danger public!» avoua-t-il en se dirigeant vers la cuisine pour mettre la cafetière électrique en route.
Mais ce n'est qu'un détail. La police française finira bien par l'arrêter un jour ou l'autre. Il ne l'emportera pas au paradis!»
S'il y avait une institution dont il avait une tout aussi haute opinion que de sa propre personne, c'était bien la police française.
Pendant que son café se préparait et que la bonne odeur envahissait l'appartement, il commença à prendre sa douche. Une bonne douche chaude contre les courbatures, il n'y a rien de tel! Il versa une quantité impressionnante de shampoing sur ses cheveux et se mit à les frotter. La *Marseillaise* retentit.
«Oh non! Zut alors! Toujours au mauvais moment!» Saisissant une serviette de bain, il se dirigea à tâtons vers le guéridon de l'entrée, aveuglé par le savon qui lui coulait dans les yeux, ses pieds mouillés laissant des flaques d'eau sur le plancher. La musique

insistante de son portable lui indiquait vaguement la direction à prendre.
«Ah! Le voilà!»
Il se saisit de l'appareil et appuya sur le bouton pour prendre la communication. Rien. Pourtant, il entendait toujours l'hymne national. Avec la pointe de sa serviette, il s'essuya les yeux.
«Pas étonnant que ça ne marche pas, grommela-t-il. C'est la télécommande de mon téléviseur! Qu'est-ce qu'elle fait là, celle-là?»
Il la reposa sur le guéridon et empoigna son téléphone à la place.
«Allô, j'écoute!»

Übung 25: Setzen Sie jeweils den passenden Ausdruck mit ***prendre*** *in die Lücken ein! Achten Sie auf die Zeitform!*
(prendre le temps, prendre l'habitude, prendre la route, prendre peur, prendre froid, mal le prendre)

1. Je lui ai dit la vérité, mais il ____________________!
2. Je tenais le cheval, mais il ____________________. Il s'est sauvé.
3. Je suis tombé dans le canal et, comme j'étais tout mouillé, j'____________________.
4. Demain, il faut que j'aille à Versailles. Je ____________________ de bonne heure pour éviter la circulation.
5. Quand j'étais en vacances, j'____________________ de faire une petite sieste l'après-midi.
6. Je travaille beaucoup, mais je ____________________ de manger tranquillement.

Quelqu'un hurla: «Cliquot, c'est vous?»
Il éloigna l'appareil de son oreille. Quelles mauvaises manières que de crier ainsi! Il rapprocha prudemment l'appareil et répondit: «Oui, monsieur le Préfet – il avait reconnu la voix –, que puis-je faire pour vous?
– Vous en mettez un temps à répondre!»
Cliquot n'allait pas lui expliquer la raison de sa lenteur. Quelle chance que le téléphone n'ait pas d'écran et que le préfet ne puisse pas voir dans quelle tenue peu respectueuse il se trouvait pour lui parler! Déjà comme ça ce n'était pas le grand amour entre les deux hommes. Le préfet était bien obligé de tolérer, bon gré mal gré, les bizarreries dans le comportement de l'inspecteur, puisqu'en haut lieu, on l'appréciait pour ses résultats.
«Il est bien connu que la fin justifie les moyens» se disait Cliquot.
«Je vous prie de m'excuser, monsieur le Préfet. Un petit contretemps…
– Je veux vous voir dans mon bureau à huit heures! l'interrompit la voix toujours aussi désagréable. Et… sans contretemps, je vous prie!» La communication fut coupée net.
«Bon! Qu'est-ce qu'il me veut encore?» se demanda Cliquot, peu impressionné par la mauvaise humeur continuelle du préfet à son égard. «En tout cas, j'ai le temps de finir de me préparer tranquillement et de boire mon café.»

ÜBUNG 26 !

Übung 26: Setzen Sie die Wörter in Klammern richtig ein!
(présence, attention, vue, nucléaire, ponctuel, clavier, aise)

À huit heures moins cinq, (1.) ________________ comme à son habitude, Cliquot était assis dans l'antichambre du bureau du préfet et attendait qu'on l'invite à entrer.

La secrétaire pianotait sur le (2.) ________________ de son ordinateur en lui jetant des coups d'œil méfiants. Elle préférait ne pas le perdre de (3.) ________________, au cas où il casserait quelque chose. Sur ce point, elle partageait parfaitement l'avis de son chef: Cliquot était une catastrophe comparable à une guerre (4.) ________________. Se sentir ainsi observé mettait l'inspecteur très mal à l' (5.) ________________ et il fut soulagé quand l'interphone signala enfin à l'employée de le faire entrer.

Le bureau du préfet était imposant: sombre et impressionnant.

Cliquot n'osa pas prendre place sans y être invité, mais le préfet ne faisait pas mine de remarquer sa (6.) ________________. Il était plongé dans un dossier qui semblait capter toute son (7.) ________________.

«Hum… fit Cliquot. Hum…».

Le préfet leva enfin les yeux et le regarda d'un air calme, trop calme.

«Le calme avant la tempête, se dit l'inspecteur. Qu'est-ce qu'il a encore à me reprocher?»

Le préfet posa lentement le stylo sur sa table de travail et l'invita, d'un geste, à prendre place dans le fauteuil beaucoup trop profond qui se trouvait en face de lui.

«Effet psychologique classique pour les interrogatoires, analysa l'inspecteur. Lui avantagé par sa position surélevée, moi en position basse et subalterne.»

Puis, croisant et décroisant ses doigts avec un petit craquement, le préfet prononça ces mots, d'une voix lente et posée tout en contraste avec son appel quelques heures plus tôt:

«J'ai entendu des choses intéressantes à votre sujet.»
Ne sachant pas où il voulait en venir, Cliquot attendit patiemment la suite.
«Il paraît que vous savez faire du cheval maintenant! s'exclama le préfet. On m'a rapporté que vous ne trouviez rien de mieux à faire le dimanche matin que de galoper à travers le parc de Versailles…»
– Ah! C'est ça! Laissez-moi vous expliquer, monsieur le Préfet…» essaya de dire Cliquot. Peine perdue. Le préfet était devenu rouge de colère. L'inspecteur se tut.

! ÜBUNG 27

Übung 27: Was gehört wohin? Ordnen Sie richtig zu!
(a) la serviette, b) les arbres, c) l'ordinateur, d) le dossier, e) la cafetière, f) l'herbe, g) l'imprimante, h) la douche, i) la fontaine, j) le stylo, k) le chemin, l) le sofa)

1. Im Büro ______________________________
2. Im Park ______________________________
3. Im Haus ______________________________

La voix du préfet était montée d'un ton, ne lui laissant aucune chance de s'expliquer.
«Il paraît que vous prenez également des bains dans les fontaines publiques, et pas dans n'importe lesquelles! Non! Puisque vous choisissez une de celles du Roi-Soleil!» continua le préfet.
Il ajouta en hurlant à présent, debout et les deux mains appuyées sur son bureau pour mieux dominer son interlocuteur: «Et puis il paraît aussi que, comme si tout cela ne suffisait pas, vous vous attaquez aux pauvres cyclistes innocents qui ont le malheur de passer à votre portée!»

Il fit une pause stratégique pour reprendre plus calmement:
«Et si ça vous intéresse, sachez que le cycliste en question n'est autre que le neveu de mon meilleur ami, le préfet des Yvelines, qui a eu la malchance de croiser votre chemin dans le parc en faisant son entraînement du dimanche matin.»
Il se prit la tête entre les mains, dans un geste d'impuissance tout à fait théâtral.
«Mais qu'est-ce qui vous a pris? Dites-moi! Qu'est-ce qui vous a pris? Vous êtes un vrai danger public! Il faut vous enfermer!»
Cliquot connaissait la chanson.
«Bon! Ça, c'était le petit sermon traditionnel.» se dit-il.

Il se demandait quand même d'où le préfet tenait autant de renseignements en si peu de temps. Chapeau tout de même! Il n'était pas devenu préfet de police pour rien. Ses sources étaient sûres et rapides. Bien entendu, le gardien du parc avait dû faire un rapport. Et le cycliste s'était sans nul doute plaint de lui à son oncle. Ce n'était vraiment pas de chance que ce soit justement sur lui que ça tombe, le neveu du préfet des Yvelines! Tant pis! On ne peut pas aller contre le destin!
Il connaissait la suite de l'entretien. Il savait que son chef allait maintenant passer aux choses sérieuses.

En effet, le préfet n'avait pas terminé. Il reprit avec un air fatigué:
«Mais étant donné que la personne sur laquelle on a tiré dans notre magnifique parc de Versailles était, à ce qu'il semble, une étrangère et qu'on aimerait éviter tout incident diplomatique; et étant donné qu'on désire en haut lieu que vous mettiez vos compétences au service le la République – laissez-moi rire! –, on m'a prié de vous confier cette nouvelle enquête, pour des raisons qui, je dois l'avouer, dépassent mon entendement.»

Übung 28: Übersetzen Sie die Wörter in Klammern!

«Et voilà! Nous y sommes! (1. Immer) ____________ le même scénario. (2. Zuerst) ____________, il fait la liste de mes méfaits, il vide son sac, comme on dit, pour finalement me confier une enquête. Il ne le fait pas avec plaisir, j'en conviens. Il y serait (3. eher) ____________ obligé par ses supérieurs qui, eux au moins, m'apprécient à ma juste valeur.» résuma Cliquot, non sans satisfaction. (4. Jetzt, dass) ____________ l'orage était passé, il savait qu'ils allaient pouvoir discuter de l'affaire sur un ton neutre et professionnel.

«Bon! (5. Nun) ____________, qu'est-il arrivé?» voulut (6. schließlich) ____________ savoir le préfet.

«Nous faisions un pique-nique sur l'herbe en attendant l'heure des fontaines musicales, mon assistante et moi.

– Tiens, tiens! Vous parlez de Nathalie Claudel, notre archiviste à la préfecture, n'est-ce pas?

– Oui c'est elle…

– Et vous vous retrouvez dans le privé maintenant?

– Oui, en effet, mais là n'est pas la question…», répondit fièrement Cliquot. Cela étonnait visiblement son chef qu'une jeune femme aussi jolie que Nathalie puisse rechercher sa compagnie en dehors des heures de travail.

«Bien. Nous disions donc que vous pique-niquiez avec mademoiselle Claudel. Que s'est-il passé ensuite?

Übung 29: Unterstreichen Sie die neun Verben im Passé composé!

– Brusquement, une femme a sauté par-dessus notre nappe étalée sur l'herbe, poursuivie de près par un homme. Cet individu a même posé le pied sur notre camembert. Ce mal élevé! remarqua-t-il.
– Passons sur les détails inutiles, je vous prie!
– Oui, excusez-moi, monsieur le Préfet. Je disais donc que ce type la poursuivait. C'est alors qu'il s'est mis à tirer sur elle. Nous avons entendu deux coups de feu. Une des deux balles a atteint la victime à la tête, si bien qu'elle s'est écroulée. Sur le coup, j'ai pensé qu'elle était morte. J'ai cherché son pouls qui battait légèrement. Alors, Natha… euh, je veux dire mademoiselle Claudel s'est occupée d'elle, pendant que je poursuivais le criminel…

– Oui, ne parlons plus de votre petite escapade! Je la connais!»
Le préfet n'avait pas envie de s'énerver à nouveau. Son docteur lui avait conseillé de contrôler sa tension.
«Malheureusement, l'assassin m'a échappé. Il y avait trop de monde dans le parc à ce moment-là pour espérer qu'une chasse à l'homme réussisse.
– Et par la suite, le cycliste?
– C'était un malentendu, s'excusa l'inspecteur. J'ai reconnu le vélo du fuyard à sa couleur très spéciale, bleue et orange. C'était bien le même vélo. Alors, j'ai pensé que mon criminel revenait sur le lieu du crime. Ce que je ne savais pas, c'est que le criminel avait abandonné le vélo dans un buisson et que le sportif, qui s'était également mis à sa poursuite, avait retrouvé son bien.
– Cette histoire donne une très mauvaise impression de la police parisienne. Il faudra que je présente mes excuses à mon ami, le préfet de Versailles, et à son neveu. Ils pourraient penser que nous ne faisons pas la différence entre les victimes et les coupables.

Cette situation est désagréable, oui, désagréable!» répéta le préfet. Il est vrai que, dans cette affaire, Cliquot n'avait pas eu la main heureuse.

ÜBUNG 30

Übung 30: Welche Bedeutung haben folgende Redewendungen?

1. Il n'y a pas de roses sans épines.	☐	Das kann ja lustig werden!
2. On y entre comme dans un moulin.	☐	keine Rosen ohne Dornen
3. C'est en forgeant qu'on devient forgeron.	☐	Du kannst was erleben!
4. Ça promet!	☐	ins Fettnäpfchen treten
5. mettre les pieds dans le plat	☐	Man geht dort ein und aus.
6. Tu ne perds rien pour attendre.	☐	Übung macht den Meister.

«Comment pensez-vous agir à présent? Par où voulez-vous commencer?
– Je pense d'abord aller à l'hôpital, car hier il était impossible de parler à la victime.»
Puis, estimant que le moment était calme et propice, l'inspecteur pria le préfet de lui accorder une faveur.
«Dites toujours, on verra! répondit celui-ci un peu agacé.
– Si vous le permettez, j'aimerais que Nathalie Claudel m'assiste à nouveau pour cette affaire. Nous formons une bonne équipe ensemble.
– Je vois, je vois…» marmonna le préfet avec un drôle d'air.
Cliquot fit semblant d'ignorer le sous-entendu et insista: «Et puis, elle a été témoin du drame. Elle est très observatrice, vous savez. Elle pourrait m'être d'un grand secours pour retrouver cet homme.
– C'est bon, prenez-la comme assistante, si vous y tenez tant. Je ne

crois pas qu'elle soit indispensable aux archives pour le moment.
– Merci, monsieur le Préfet. Vous ne le regretterez pas.
– Avec vous, ça m'étonnerait! Enfin, on verra. Apportez-moi des résultats et j'oublierai peut-être vos exploits d'hier! Je vous donne quarante-huit heures pour faire votre rapport.
– Oui, oui, monsieur le Préfet. Est-ce que je peux me permettre d'appeler moi-même mademoiselle Claudel pour lui apprendre la nouvelle?
– Oui, faites, faites.» répéta le préfet en lui signifiant de la main que l'entretien était terminé. Et pour le démontrer, il se replongea dans son dossier, sans même avoir la politesse de dire au revoir à Cliquot. Celui-ci comprit qu'il pouvait sortir, ce qu'il fit d'autant plus volontiers que le devoir l'appelait.

Übung 31: Setzen Sie die fehlenden Präpositionen ein!

La secrétaire entra (1.) ________ le bureau du préfet dès que Cliquot en fut sorti et posa un classeur (2.) ________ sa table de travail.
«Voilà le dossier que vous m'avez demandé sur l'affaire Charles, monsieur le Préfet.» Puis, son regard balaya la pièce (3.) ________ la recherche (4.) ________ ce qui pouvait avoir été détérioré ou dérangé (5.) ________ l'inspecteur.
«Tout va bien, ne vous inquiétez pas!» lui assura son chef, sur qui elle posa alors un regard protecteur. Il va être occupé (6.) ________ un bout de temps. Je lui ai donné une affaire (7.) ________ résoudre. Rien d'important: une histoire d'amour qui aura mal

tourné, je pense. Une femme qui s'est fait tirer dessus (8.) ________ son amant dans le parc de Versailles hier, ou quelque chose (9.) ________ ce genre-là.

Rien de bien excitant, mais de quoi occuper Cliquot sans grand risque. Pendant ce temps-là, nous aurons la paix.» dit-il (10.) ________ riant.

Elle sourit, approuvant la décision de son chef de ne laisser à Cliquot aucune chance de causer de nouveaux ennuis.
«Vous n'avez plus besoin de moi, monsieur le Préfet?»
Étant sa secrétaire de longue date, très professionnelle et muette comme une tombe – ce qui est absolument nécessaire dans cette position à la préfecture –, elle avait toute la confiance du préfet, dont elle était un peu amoureuse en secret et qui avait parfois tendance à se livrer à elle.
«Non, je vous remercie. Ce sera tout.»
Elle se retira en refermant la porte doucement, rassurée. L'«alerte Cliquot» était passée. On pouvait sortir des abris.

«Allô! Nathalie, c'est vous? Préparez-vous, je passe vous prendre dans une petite demi-heure! Le temps de trouver une voiture et j'arrive!»
Convaincue par ces simples mots et sans avoir reçu de grandes explications supplémentaires que Nathalie attendait fidèlement devant le portail de la préfecture que Cliquot vienne la chercher. Elle était toute excitée à l'idée d'apprendre dans quelle nouvelle aventure ils allaient se lancer. Parce que cela ne faisait aucun doute: quand Cliquot l'appelait, la vie commençait à devenir intéressante pour elle. Elle pouvait faire un petit signe d'adieu sympathique à

ses dossiers poussiéreux ainsi qu'à ses collègues, à qui elle promettait de tout raconter quand elle reviendrait. De cette façon, ils partageaient un peu ses aventures, qui leur faisaient oublier leur routine aux archives. Surtout le concierge était un homme très sympathique, avec lequel elle buvait volontiers une tasse de café pendant leur pause commune.

Cliquot arriva dans une voiture de service cette fois-ci, sirène hurlante et gyrophare allumé. Toutes les têtes se retournaient sur son passage, ce qui lui plaisait énormément. Il freina brusquement le long du trottoir, un freinage digne d'un film d'action. Tant pis pour les pneus!

Übung 32: Was ruft man in folgenden Situationen? Ordnen Sie zu!
(Au feu!, Aux abris!, Attention!, Au secours!, À l'aide!, SOS)

! ÜBUNG 32

1. Vous vous faites attaquer par un voyou. ______________
2. Le bateau est en perdition. ______________
3. Quelqu'un va tomber. ______________
4. Il y a un début d'incendie dans la forêt. ______________
5. pendant une attaque aérienne ______________

«Qu'est-ce qui se passe? Il y a quelqu'un en danger de mort? s'enquit Nathalie, surprise par tant de remue-ménage.

– Non. Je viens vous chercher, c'est tout! C'est une raison bien suffisante! déclara Cliquot. C'est tellement rare qu'ils libèrent une voiture de service pour moi qu'il faut que nous en profitions.»

Tout en parlant, il redémarra. Nathalie ne put s'empêcher de sourire intérieurement. Elle trouvait agréable le sentiment d'être

importante aux yeux de son chef, même si le comportement de celui-ci était souvent légèrement exagéré.
«Inspecteur, roulez doucement, vous savez que j'aime les conducteurs prudents!» supplia la jeune femme. Cliquot remarqua qu'elle avait quitté ses lunettes de soleil de la veille pour remettre ses lunettes habituelles, qui lui donnaient un air très intellectuel. Il préférait celles-ci, car il pouvait voir ses yeux.
«Avec moi, pas de danger!» affirma-t-il en prenant un virage risqué, puis en dépassant une petite Citroën sans s'occuper des voitures qui arrivaient en face. La sirène hurlait toujours et lui donnait tous les droits, pensait-il. Même si les autres conducteurs n'étaient pas de cet avis.

Übung 33: Welche Verben haben die gleiche Bedeutung?
(commander à, se mettre à, terminer de, sembler, arriver à)

1. réussir à ____________________
2. commencer à ____________________
3. finir de ____________________
4. paraître ____________________
5. ordonner à ____________________

«Est-ce bien nécessaire de garder le gyrophare et la sirène allumés?» demanda Nathalie. «Et au fait, où allons-nous?
– À l'hôpital!» lui cria Cliquot en éteignant la sirène pour lui faire plaisir. On s'entendait mieux.
«Ça, je vous crois sur parole! soupira Nathalie. Mais à ce rythme, c'est en tant que patients que nous allons nous y retrouver! Vous ne voulez pas que je prenne le volant? proposa-t-elle gentiment.

– Non, non, aujourd'hui, c'est moi qui conduis. Profitez-en! Vous pouvez vous détendre.»

Pour Cliquot, cette jolie voiture était comme un beau jouet qu'on ne prête pas. D'habitude, on ne lui accordait que de vieilles voitures car on connaissait son style de conduite. Mais cette fois-ci, aucun autre véhicule n'avait été disponible et on lui avait donné à regret une voiture de fonction relativement neuve.

«Me détendre! Comme si c'était possible!» pensa Nathalie en se cramponnant à la poignée du plafond. Cliquot venait de s'apercevoir qu'il s'était trompé de chemin et faisait une marche arrière à toute allure, dans une rue à sens unique, sous les coups de klaxon furieux des autres automobilistes.

Nathalie se sentit un peu plus rassurée quand ils eurent quitter les routes étroites et la circulation dense de la capitale pour prendre l'autoroute en direction de Versailles.

«Au moins là, les autres auront plus de place pour nous éviter.» se résigna-t-elle.

Übung 34: Unterstreichen Sie die neun Verben im Passé simple!

«Centre Hospitalier de Versailles»: Cliquot suivit le panneau indicateur et se retrouva bientôt devant l'hôpital, un grand bâtiment de style moderne aux formes rectangulaires. Il se trouvait au Chesnay, au nord de Versailles, pas très loin du château.

«Bon! Maintenant il s'agit de parquer la voiture, dit Cliquot qui trouva rapidement une place directement devant la porte d'entrée de l'hôpital, en zone de stationnement interdit.

– Vous ne pouvez pas rester là, vous bloquez le passage! s'inquiéta Nathalie.

– Qui veut peut! assura l'inspecteur. Et ça m'étonnerait fort qu'on emmène une voiture de police à la fourrière.» ajouta-t-il, sûr de lui. Nathalie se sentait un peu honteuse devant tant de sans-gêne et regardait droit devant elle, évitant les regards, lorsqu'ils se dirigèrent vers la porte vitrée qui s'ouvrit automatiquement devant eux.

Accueil. Ils orientèrent leurs pas dans cette direction. Une dame à lunettes d'un certain âge était en train de cocher des noms sur une liste. Elle leva les yeux vers eux:
«Vous désirez?
– Nous voulons rendre visite à une dame, dit Cliquot.
– Ah bon! Son nom?
– Nous n'en savons rien, mais elle a été livrée au service des urgences hier, en début d'après-midi.
– Ah, dans ce cas! Vous dites, au service des urgences? Qu'est-ce qui lui est arrivé?
– Une balle dans la tête.
– En effet, nous avons eu une entrée hier, une Rodica Bandiana blessée à la tête, une Roumaine.
«Ce doit être elle, souffla Nathalie qui se tenait derrière lui. Je me disais bien hier qu'elle avait l'air d'une étrangère.»
La dame vérifia sur le formulaire d'entrée des patients et déclara qu'elle se trouvait maintenant en salle de surveillance pour vingt-quatre heures.
«C'est la chambre 306.»
Elle leur conseilla de prendre l'ascenseur, au fond à droite.
Cliquot eut une intuition.
«Est-ce qu'elle a eu de la visite depuis hier?
– Oui. Un certain Grigore Bandiana de Bucarest est venu la voir. Il s'est inscrit comme membre de la famille.
– C'est peut-être son frère.» supposa Nathalie.

L'inspecteur approuva.
Ils prirent l'ascenseur jusqu'au troisième étage. Les portes s'ouvrirent devant eux. Ils essayèrent de s'orienter dans le long couloir. Fallait-il prendre à droite ou à gauche?
«C'est par là!» dit Nathalie en montrant le mur. Une flèche indiquait vers la droite, chambres 301 à 306, et vers la gauche, chambres 306 à 310. La 306, c'est vers la droite!»
Cliquot la suivit.
Ils virent une infirmière dans le couloir qui menait aux chambres. Elle avait arrêté, en face de la chambre 304, un immense chariot chargé de bandages, de thermomètres dans des verres de désinfectant et de médicaments, cachets et pommades de toutes sortes, ainsi que d'objets nécessaires au quotidien des malades. Elle bloquait le passage vers la 306. Ils s'avancèrent vers elle, véritable matrone à la poitrine aussi forte que la voix: «Vous cherchez quelqu'un?»
«Un soldat de la médecine…» pensa Cliquot, impressionné. «Il ne lui manque que la moustache et l'uniforme!»
Il répondit: «Oui, nous cherchons Rodica Bandiana.»
– Chambre 306, lança-t-elle sans faire mine de circuler.
– Nous sommes de la police.» Cliquot sortit sa carte de police comme pour exiger le droit de passage. «Est-elle en état d'être interrogée?»
Elle réagit au mot «police» comme à une piqûre de guêpe.
«À peine, la pauvre. Il en arrive des choses à Versailles! Plus ça va et plus ça empire! On ne peut même plus se promener dans le parc sans être attaqué à présent!»
La grosse dame se plaça, jambes écartées, au milieu du couloir. Nathalie sentait qu'il serait difficile de passer. Elle s'inquiétait de la réaction de Cliquot qui n'aimait pas qu'on le freine dans son élan. Par malheur, cette infirmière semblait avoir du temps à perdre; en tout cas, elle avait des choses sur le cœur.

ÜBUNG 35 !

Übung 35: Übersetzen Sie die Wörter in Klammern!

«Et la police, elle est où (1.während) ______________ les braves gens se font assassiner? Hein? Je vous le demande, moi. Ils s'occupent (2. immer) ______________ des gens qui n'ont rien fait et (3. während dieser Zeit) ______________, il y a des assassins partout! (4. Nicht später als gestern) ______________, ils ont arrêté mon petit Pierre. Il n'avait presque rien fait, mon gamin. (5. Vor einer Woche) ______________, il a volé une mobylette, et alors? Les gamins, ça a de drôles d'idées (6. in diesem Alter) ______________!

Ce n'est pas une raison pour l'enfermer! Ils n'ont que ça à faire les policiers! Ah! Elle est belle la police! Ils feraient bien mieux de s'occuper des vrais criminels!»
Furieux, Cliquot voulut repousser le chariot pour passer et lui donna un grand coup rageur qui fit voler les bandages dans toutes les directions. L'infirmière se mit à courir derrière.
«Du calme! Du calme! Je ne vous visais pas personnellement! C'est que je l'aime moi, mon gamin! dit-elle.
– Alors, c'est bien la chambre 306? demanda à nouveau Cliquot, qui s'était aussitôt ressaisi et regrettait déjà son geste, au grand soulagement de Nathalie qui n'aimait pas le voir dans cet état-là.
– Oui, mais attention, hein, pas trop longtemps!»
Elle s'était relevée en tenant les rouleaux de pansements pressés contre sa poitrine. Elle ajouta:
«Elle est en observation, alors il ne faut pas la fatiguer! Après un choc pareil, on ne sait jamais!»

Ils frappèrent à la porte de la chambre 306 et une voix féminine répondit: «Entrez!»
Ils pénétrèrent dans une grande pièce très claire à trois lits, dont celui du milieu était inoccupé. La dame aux cheveux noirs, la victime de la veille, était allongée dans celui situé près de la fenêtre. Le patient du troisième lit était absent pour le moment, mais les draps étaient froissés, preuve qu'il y avait quelqu'un.
Le policier et son assistante s'avancèrent vers la Roumaine.

Übung 36: Welche Nationalität haben die Personen?
Finden Sie die Antwort mithilfe des Länderkennzeichens!

ÜBUNG 36 !

1. A *Ils sont Autrichiens.*
2. B ____________________
3. DK ____________________
4. GB ____________________
5. E ____________________
6. H ____________________
7. IRL ____________________
8. I ____________________

Cliquot s'assura de son identité avant de se présenter et d'en faire de même pour Nathalie.
«Madame Bandiana, ou mademoiselle?
– Mademoiselle…
– Mademoiselle Rodica Bandiana, c'est bien votre nom?»
Elle hocha la tête.

«Nous sommes de la police. Inspecteur Cliquot de la police judiciaire de Paris et mon assistante, Nathalie Claudel. Hier, nous étions sur les lieux par hasard, lorsque vous avez eu votre, hum…, accident. Elle a appelé l'ambulance qui vous a transportée ici.
– Ah! C'était vous, dit-elle en fixant Nathalie de ses grands yeux. Merci beaucoup. Excusez-moi si je ne vous ai pas reconnue, mais hier, je n'allais pas bien du tout. Je me suis même évanouie.
– Il n'y a pas de quoi, je comprends, et je ne faisais que mon devoir de bonne citoyenne.» répondit celle-ci, très sérieusement.
La jeune femme reposa son regard sur l'inspecteur, attendant calmement la suite de l'entretien.
«Comment allez-vous? Vous sentez-vous assez forte pour répondre à quelques questions?»
De nouveau elle acquiesça de la tête.
«Je vais relativement bien, vu les circonstances. J'ai seulement très mal à la tête. L'infirmière me donne des cachets contre la douleur. Je pourrai sortir demain après la visite du docteur vers onze heures, si tout va bien.»

ÜBUNG 37 !

Übung 37: Ordnen Sie die Buchstaben zu einem sinnvollen Wort!

1. «Docteur, j'ai très mal à la (ettê) ______________.»

2. «Pourriez-vous me donner un (echatc) ______________?»

3. «Je me suis blessé à la (emjab) ______________.»

4. «Pourriez-vous me faire un (ptannsmee) ______________?»

5. «Je me suis tordu le (dipe) ______________.»

6. «Pouvez-vous me prescrire une (apdomem) ______________?»

«Je vois que vous comprenez et que vous parlez notre langue remarquablement, observa Cliquot.
– Oui, ma mère était française, répondit la jeune femme dans un français presque parfait quoique teinté d'une très légère pointe d'accent. Dans ma famille nous parlons les deux langues, nous ne faisons même pas attention à la langue que nous parlons. En général, celle du pays où nous nous trouvons sur le moment.
– Ah, évidemment…
– Le français a toujours été une tradition en Roumanie. De plus, je suis professeur de français au lycée d'informatique de Bucarest.»
Le visage de Cliquot, qui adorait son pays plus que tout au monde, s'illumina à ces mots. Ses dispositions à l'égard de la jeune femme n'en furent que meilleures. Une Roumaine qui parlait parfaitement le français, qui aimait la France et, de plus, très agréable à regarder: on ne pouvait pas résister!
Nathalie remarqua aussi que la Roumaine était carrément jolie. Sous de longs cils, ses yeux, d'un brun très profond, presque noirs comme ses cheveux, étaient immenses et admirables. Elle s'aperçut que Cliquot subissait également le charme de cette beauté. Elle en eut un petit pincement au cœur.
«Cela m'ennuie beaucoup de devoir vous déranger dans votre état, susurra l'inspecteur, mais on m'a chargé de l'enquête qui concerne votre accident d'hier.»

Übung 38: Bilden Sie die Adjektive zu den vorgegebenen Adverbien und gleichen Sie sie an!

ÜBUNG 38 !

1. remarquablement Ses yeux sont ______________________.

2. couramment Dans la vie ______________________.

3. évidemment Ses arguments sont ____________________.

4. constamment Ses douleurs sont ____________________.

5. également Tous les hommes sont ____________________.

6. vivement C'est un homme à l'esprit ________________.

Il fit une pause pour souligner l'importance de cette révélation. Comme la jeune femme ne réagissait pas, il poursuivit un peu plus brusquement, en venant directement au fait:

«Est-ce que vous connaissez l'homme qui vous a tiré dessus?»

Rodica cilla légèrement.

«Oui, c'est mon fiancé. C'est un Roumain, lui aussi. Il est extrêmement jaloux.

– Ah!» fit Cliquot un peu déçu.

Un fiancé. Donc, elle n'était pas libre. Dommage! Ce n'était pas qu'il ait eu des intentions – sa morale lui interdisait de s'intéresser aux personnes impliquées dans ses enquêtes –, mais quel homme appréciait la concurrence? Aucun. C'était instinctif.

«Et puis-je savoir quel est son nom?»

Elle hésita.

«Cela n'a aucune importance puisque je ne porterai pas plainte.»

Alors là, Nathalie n'était pas d'accord. Elle qui avait horreur de voir des femmes dans le rôle de victimes, toujours prête à aider une amie en difficulté, elle n'était pas d'accord du tout!

«Est-ce bien raisonnable? se mêla-t-elle de la conversation. Il vous tire dessus. Il vous blesse dangereusement et vous ne voulez pas porter plainte!? La prochaine fois, il ne vous manquera pas!»

Rodica secoua énergiquement la tête.

«Il n'y aura pas de prochaine fois. Tout est de ma faute. Je sais qu'il est jaloux et j'ai accepté l'invitation au restaurant d'un autre homme. Je n'aurais pas dû. Cela l'a rendu fou de rage.»

Übung 39: Ordnen Sie die Wörter in aufsteigender Reihenfolge!

1. le mécontentement, la rage, l'indignation, la colère

____

2. le malaise, la douleur, la souffrance, le mal

____

3. l'amitié, la passion, l'amour, le penchant

____

4. le crime, la maladresse, le délit, la faute

____

Comme si c'était une raison pour se faire tirer dessus! Il y en aurait des femmes assassinées, s'il devenait dangereux d'accepter une invitation à déjeuner! Emportée par son énergie, Nathalie menait presque l'interrogatoire sans vraiment s'en rendre compte.

«Alors, il vous poursuit jusque dans le parc de Versailles, trouve un revolver comme ça, par hasard, dans sa poche, ou je ne sais pas où, et pan! Il vous tire dessus! Quelle preuve d'amour! ironisa-t-elle, difficile à convaincre. Au fait, vous y êtes venue comment, au parc?

– En voiture. Quand mon fiancé a fait son apparition sur le parking du restaurant, il était fou furieux. Alors j'ai quitté les lieux précipitamment par-derrière et j'ai sauté dans ma voiture.

– Mais il vous a vue partir, remarqua Cliquot qui ne voulait pas être laissé de côté.

– Malheureusement oui, il m'a vue et s'est lancé à ma poursuite avec son propre véhicule. Je ne sais pas comment, je me suis brusquement retrouvée à l'entrée du parc. Alors j'ai abandonné la voiture et j'ai continué à pied. Je me suis fondue dans la foule,

espérant qu'il ne me verrait plus parmi le monde. Malheureusement, il était toujours derrière moi, et vous connaissez la suite!»
Son discours se termina dans un souffle, il l'avait épuisée. Elle porta une main à son front douloureux.
«En effet…» dit Nathalie.

ÜBUNG 40 !

Übung 40: Ordnen Sie zu und ergänzen Sie mit dem richtigen bestimmten Artikel!
(haine, talon, bandage, front, amour, inflammation, menton, tendresse, rhume)

1. Körper ______________________________
2. Medizin ______________________________
3. Gefühle ______________________________

Tout d'abord, Nathalie ne lui pardonnait pas leur pique-nique raté, même si elle devait reconnaître que la pauvre femme n'y pouvait rien. Ce qu'elle lui reprochait par-dessus tout, c'était de ne rien entreprendre pour que l'homme responsable du désastre de la veille soit arrêté. Que ce soit pour une raison sentimentale ou autre, cet homme était un vrai danger public! Cliquot se sentit obligé de prendre la défense de la jeune femme et de freiner son assistante.
«Mademoiselle Rodica, si j'ai bien compris, vous désirez oublier, constata-t-il. C'est votre droit de pardonner à votre fiancé d'avoir perdu la tête. C'est l'avenir qui vous dira si votre décision est la bonne ou non.» ajouta-t-il conciliant.
À l'inverse de Nathalie, son côté masculin un peu macho semblait le disposer à accepter plus volontiers la détermination de Rodica à sauver son amour. Son professionnalisme reprit cependant le dessus et il suggéra d'une voix engageante:

«Même si vous ne portez pas plainte, vous pourriez peut-être nous révéler le nom de votre fougueux fiancé. Il faut que je rende mon rapport sous peu pour que l'affaire soit classée.»
Nathalie sursauta. Il voulait déjà classer l'affaire?
«Mais vous le laisserez tranquille, hein? Vous me le promettez?
– Promis, juré! Croix de bois, croix de fer, si je mens, je vais en enfer!» affirma Cliquot en croisant deux doigts, l'index et le majeur, derrière son dos pour annuler la promesse – ça pouvait toujours servir!

Übung 41: Übersetzen Sie! Verwenden Sie in jedem Satz die Konstruktion ***il faut que*** *+ Subjonctif!*

ÜBUNG 41 !

1. Sie müssen ihn in Ruhe lassen.
   Il faut que vous le laissiez tranquille.
2. Er muss mich verstehen.

   ____
3. Sie muss ihre Entscheidung in Frage stellen.

   ____
4. Du musst das Opfer besuchen.

   ____
5. Ich muss ihr versprechen, nichts zu sagen.

   ____

Elle capitula. Ces deux policiers la fatiguaient avec leurs questions. Elle n'espérait qu'une chose, c'était que l'infirmière vienne annoncer la fin de la visite.

«Il s'appelle Radu Ceplanu. Je ne sais pas dans quel hôtel il est descendu, précisa-t-elle. Je ne savais même pas qu'il était à Versailles.
– Au fait, depuis combien de temps et pour quelle raison vous trouvez-vous en France?» s'enquit Nathalie sur le ton banal de la simple curiosité. De nouveau, Rodica hésita.
«Je suis ici depuis un mois, en voyage d'études, pour parfaire mes connaissances sur ce magnifique pays qu'est la France.» lança-t-elle en glissant un regard par en dessous à Cliquot. Celui-ci lui sourit en inclinant la tête dans un signe d'entente.
«Elle sait par où le prendre.» se dit Nathalie, un peu jalouse.
«Je désire rester encore un mois ou deux, selon le temps que je mettrai à réaliser mes projets.
– Et votre frère? C'était bien votre frère, n'est-ce pas, qui vous a rendu visite?» s'enquit Nathalie.
La Roumaine sembla déstabilisée un instant, mais elle se reprit aussitôt. «Ah bon! Vous savez pour mon frère. Oui, bien sûr, Grigore est venu me voir, ce n'est pas un secret… Il m'a rejointe à Versailles, il y a quelques jours. Nous sommes très liés, lui et moi. Il n'y a qu'un an de différence entre nous. Nous avons eu une enfance difficile, nous n'aimons pas être séparés longtemps.

ÜBUNG 42 !

Übung 42: Unterstreichen Sie die sechs nicht dazugehörigen Sätze!

Alors il m'a rendu visite, dans mon appartement de Viroflay. Un corbeau avait un fromage dans son bec. C'est dans la banlieue de Versailles.
– Oui, je sais, je connais.
– Il a pris quelques jours de vacances pour les passer avec moi. Le renard était alléché par l'odeur. Ça nous fait une coupure en

attendant mon retour en Roumanie.» Elle se laissa retomber sur l'oreiller. L'oiseau voulut chanter. Ses longs cheveux noirs encadraient son visage très pâle. Cliquot eut pitié d'elle.
«L'interrogatoire a déjà bien duré.» pensa-t-il. Il voulait conclure cet entretien.
«Avant de vous quitter, j'aimerais encore connaître votre adresse. Le pauvre animal ouvrit le bec. Comme je l'ai déjà évoqué précédemment, il faut que je fasse mon rapport et que je sache où vous joindre.
– Avenue de la poste à Viroflay, au numéro 6, entrée B. C'est un petit immeuble. J'habite au rez-de-chaussée.»
Elle donna sa réponse rapidement, comme pour se libérer. Malheureusement, le fromage tomba.
«Bien entendu, inspecteur, cela me fera immensément plaisir de vous revoir. N'hésitez pas à me rendre visite!» ajouta-t-elle naturellement. Le brigand saisit le fromage et le mangea. Nathalie bouillait intérieurement.

Il était temps qu'ils partent. La matrone en blouse blanche arrivait à grands pas avec un sourire figé et déclara:
«Je crois que là, vous exagérez, inspecteur. Vous fatiguez ma patiente. N'oubliez pas qu'elle est en observation! Elle est encore fragile après un choc pareil! Ce n'est pas tous les jours qu'on se fait tirer dessus, croyez-moi!»
Cliquot grommela une excuse et ils sortirent avant de devoir supporter une nouvelle litanie sur l'incapacité de la police à faire son travail. Ils ne virent plus le regard brillant de larmes de Rodica, qui fixait un coin de ciel bleu à travers la vitre.
La matrone lui parla gentiment:
«Allons, ce n'est pas grave. La douleur, c'est comme les chagrins d'amour. Ça finit par passer!» Et elle lui remonta l'oreiller.

Une fois dans le couloir, Nathalie ne put s'empêcher de constater: «Elle est drôlement jolie, et elle le sait!
– Je suppose que vous ne parlez pas de l'infirmière. Elle me ferait presque peur, celle-là! Un vrai gendarme.»

ÜBUNG 43 !

Übung 43: Bilden Sie sinnvolle Sätze nach dem Beispiel!
(le stéthoscope, la jambe de bois, le porte-document, le bâton)

1. On dirait un clown, *il ne te manque que le nez rouge!*
2. Pour faire un pirate, ______________________________.
3. On dirait un homme d'affaires, ______________________.
4. Pour faire un docteur, ____________________________.
5. On dirait un gendarme, ___________________________.

Nathalie éclata de rire.
«Non. Sérieusement. Vous savez bien de qui je parle!»
Cliquot prit un air rêveur.
«En effet, quel charme!» Puis après une pause… «Qu'est-ce que vous pensez de son histoire?
– Elle ne tient pas debout, voilà ce que j'en pense. Cette histoire d'amant jaloux? Vous y croyez?
– L'histoire est plausible. Mais il est tout aussi possible qu'elle mente.»
Nathalie le regarda, très surprise.
«Et moi qui croyais qu'elle vous avait complètement placé sous son charme!
– Vous me connaissez mal, Nathalie. Je la trouve charmante, c'est vrai. Très jolie même et surtout très adroite avec le sexe masculin

pour obtenir ce qu'elle désire. Mais cela ne veut pas dire que je la crois.»

Ils avançaient dans le couloir vers l'ascenseur en échangeant leurs impressions.

«Malgré tout, je ne sais pas pour quelle raison elle mentirait puisque c'est elle la victime.

– Pour protéger quelqu'un, peut-être.

– Si c'est le cas, je ne pense pas que ce soit son prétendu fiancé.

– Peut-être son frère? proposa Nathalie. Elle a l'air de drôlement l'aimer, à en juger par la façon dont elle en parle.

– Oui, c'est possible. Son histoire est un peu bancale, à mon avis.»

Il leva l'index: «Primo, je trouve très bizarre qu'un simple touriste roumain soit armé pour rendre visite à sa fiancée!»

Il leva le majeur: «Secundo, elle hésite trop avant de répondre à certaines questions, comme si elle mesurait la portée exacte de ses réponses avant de les donner.

– Et tertio, ajouta Nathalie, si c'est le grand amour entre Radu et elle, comme elle essaie de nous le faire croire, pourquoi ne voyons-nous aucune trace de ce fiancé à l'hôpital? Si son geste était spontané, sous le coup de la fureur comme elle le prétend, il a bien eu le temps de le regretter depuis et de venir se faire pardonner.»

Übung 44: Stellen Sie den vollständigen Satz wieder her! Setzen Sie die Ergänzungen a) und b) an die richtige Stelle!

ÜBUNG 44 !

1. La jeune femme est très surprise.

a) de les voir arriver b) qui ne les attendait pas

La jeune femme, qui ne les attendait pas, est très surprise de les voir arriver.

2. Rodica se sent fatiguée.

a) dont les réponses sont hésitantes b) par cet interrogatoire

3. S'il est amoureux, il viendra la voir.

a) pour se faire pardonner b) comme elle le prétend

4. Trois lits occupent la chambre.

a) dans laquelle elle se trouve b) dont l'un est inoccupé

Le policier eut un regard admiratif pour son assistante.
«Vous êtes fine psychologue, dites donc! Je n'avais pas pensé à ça!
– C'est vrai, quoi! S'il l'aime, il serait naturel qu'il s'inquiète de son état, même s'il en est responsable.»
Puis, une autre idée lui vint:
«À moins qu'il n'ait fui de peur de devoir répondre de son acte devant la police française. Il a quand même mis des personnes en danger dans un des sites les plus réputés de France.
– C'est évidemment possible. À sa place, c'est ce que j'aurais fait, moi. Quand on a affaire à la police, il vaut mieux que ce soit dans son propre pays et dans sa propre langue.»
Elle appuya sur le bouton pour appeler l'ascenseur et les portes s'ouvrirent presque instantanément devant eux, laissant sortir deux

personnes: un patient dans une chaise roulante poussée par un jeune infirmier. L'homme semblait avoir une jambe cassée.
Puis, ils y pénétrèrent dans l'ascenseur, qui commença à descendre et s'arrêta à chaque étage. Au second, ce fut un docteur qui se joignit à eux, un stéthoscope autour du cou. Il les salua brièvement, l'air très affairé, puis ressortit tout aussi rapidement au premier étage, disparaissant à grandes enjambées au coin du couloir, avant que les portes ne se referment derrière lui.

Übung 45: Setzen Sie die Verben in die entsprechenden Lücken ein! ***(penser, écrivez, classe, connaître, avez promis, vérifier, attendait, exploiter)***

«Alors, finalement, qu'est-ce qu'on fait? Vous (1.) ____________ votre rapport, comme vous l' (2.) ____________ à Rodica? Affaire classée?» Nathalie, curieuse et un peu anxieuse, (3.) __________ la réaction de l'inspecteur.

Celui-ci la regarda très surpris qu'elle puisse (4.) ___________ une chose pareille. «Certainement pas! Cet individu m'a coûté un pique-nique en votre compagnie, mes habits du dimanche sont ruinés par l'eau de la fontaine et vous voudriez que je (5.) ___________ l'affaire comme ça? C'est mal me (6.) __________. Le préfet m'a donné quarante-huit heures pour faire un premier rapport et j'ai bien l'intention de les (7.) _________ au maximum. Je veux (8.) _________ par moi-même à quel genre d'individu nous avons affaire.

– En tout cas, c'en est un qui se balade avec un revolver dans un parc public et qui tire sur tout. Je serai curieuse de savoir s'il possède une autorisation de port d'armes.
– Vous voyez bien! Notre enquête ne fait que commencer!» s'écria Cliquot. Lui aussi avait envie d'action.
Entre-temps, l'ascenseur les avait ramenés au rez-de-chaussée et ils se retrouvaient dans le hall d'entrée de l'hôpital.
Nathalie fut soulagée de voir que la voiture attendait toujours devant la porte. C'était ridicule: qui oserait enlever une voiture de police?
Elle se sentit mieux lorsqu'elle sortit enfin du bâtiment hospitalier et aspira un grand bol d'air frais. Elle trouvait aux hôpitaux quelque chose d'oppressant. Elle fit part à Cliquot de son sentiment.
«Ne trouvez-vous pas, vous aussi, que les hôpitaux, c'est comme une autre planète, un monde irréel en dehors du temps. Tous ces gens en blanc et tous ces malades. En fait j'ai horreur de cette atmosphère et de l'odeur de désinfectant qui y règne.
– Je ne les aime pas non plus. Ils nous rappellent que la santé est un cadeau et qu'elle est fragile. Mais il en faut! Et quand on en a besoin, on est bien content d'en trouver un à proximité.» répliqua l'inspecteur, devenu brusquement un peu philosophe.

ÜBUNG 46 !

Übung 46: Bilden Sie einen korrekten Satz! Ergänzen Sie mit der passenden Form von ***avoir besoin (de)*** *oder mit* ***il faut (que)****!*

1. Cliquot ______________ qu'on l'admire.

2. Pour avoir plus de temps, ____________ qu'il travaille moins.

3. Des hôpitaux, ______ en _________________!

4. Nous ______________ un dictionnaire pour comprendre.

5. Nous n'avons pas terminé. ______________ que nous interrogions un témoin encore.

6. Tu pourrais me passer ta voiture, j'en ______________ demain.

«Ma mère me dit toujours que je suis trop sérieuse, que je me fais toujours du souci pour rien… Enfin, vous voyez le genre!
– Ah, bon!?… Moi, je vous trouve très bien comme vous êtes!» jugea Cliquot en connaisseur, la regardant de haut en bas: il ne parlait pas seulement de son caractère. À ces mots, Nathalie retrouva sa bonne humeur. Cette remarque la dédommageait des moments passés avec la si jolie Rodica dans la chambre d'hôpital. Malgré tout, elle préféra changer de sujet.
«Alors, qu'est-ce qu'on fait maintenant? Où allons-nous?»
Elle était de nouveau pleine d'entrain, toute heureuse que l'enquête soit relancée. Elle avait craint un moment que l'histoire ne tourne court, que Cliquot la considère comme un fait divers, une histoire de jalousie classique qui aurait mal tourné, ce dont elle n'avait absolument pas envie. Cela aurait signifié pour elle un retour à ses archives et aucun vécu captivant à raconter à ses collègues.
«En route pour Viroflay! lança Cliquot. C'est là qu'habite Rodica. On y rencontrera peut-être le fameux frère, ce Grigore, et avec un peu de chance, nous y trouverons aussi la trace de ce Radu! Quels noms quand même!»
Alors qu'ils roulaient déjà vers Viroflay, Nathalie lui jeta un regard malicieux:
«Rodica, ça vous plaît bien comme prénom, n'est-ce pas!»
Il joua le jeu avec un sourire malin.
«Le nom et… celle qui le porte également.»

ÜBUNG 47

Übung 47: Was bedeutet das Gerundium in Klammern?

1. Cliquot juge Nathalie (en la regardant) de haut en bas.
☐ Art und Weise ☐ Gleichzeitigkeit ☐ Bedingung

2. Ils roulaient (en parlant) de l'affaire.
☐ Art und Weise ☐ Gleichzeitigkeit ☐ Bedingung

3. (En classant) l'affaire, Cliquot aurait renvoyé Nathalie à ses archives.
☐ Art und Weise ☐ Gleichzeitigkeit ☐ Bedingung

4. (En sortant) de l'hôpital, Nathalie s'est sentie soulagée.
☐ Art und Weise ☐ Gleichzeitigkeit ☐ Bedingung

Entre-temps, ils avaient atteint Viroflay. Ils essayèrent de se repérer et eurent de la chance. Un panneau indiquait la poste.
«Ce serait logique que la poste se trouve dans l'avenue de la poste, dit Nathalie en montrant du doigt la direction à suivre. Est-ce que vous saviez que de nombreux nobles de la cour de Louis XIV s'étaient installés à Viroflay et que tous ses domaines servaient au plaisir du roi, à la chasse en particulier. Les aristocrates et la haute bourgeoisie y firent construire de magnifiques hôtels particuliers. C'est seulement à la Révolution que Viroflay est redevenu un village paysan. Plus tard, ce sont les riches parisiens qui sont venus y habiter parce qu'ils trouvaient le site très agréable.
– Vous avez lu ça dans vos archives?
– Non, fit-elle avec un sourire, j'avais un copain dans le temps qui habitait ici.
– Vous connaissez du monde partout, commenta l'inspecteur. Et surtout du monde de sexe masculin.

– Vous trouvez? Les bonnes relations, ça peut toujours être utile!
– Et les mauvaises aussi d'ailleurs, surtout dans la police, ajouta Cliquot en riant, pensant précisément à ses indicateurs, personnages douteux mais nécessaires pour ses enquêtes.
– Viroflay a beaucoup changé depuis le début du vingtième siècle. La population a énormément augmenté ces dernières années.»
Ils virent bientôt apparaître une série de petites résidences bien entretenues.
«Ce doit être là, observa Cliquot. Est-ce que vous pouvez voir les numéros?
– Oui. Là, il y a le 12. On est du bon côté, ce sont les numéros pairs. Le 10, le 8… le 6 ne devrait pas être loin.»
Cliquot passa devant l'immeuble et alla s'arrêter un peu plus loin dans la rue. Le parking était réservé aux riverains et se trouvait à côté d'un terrain de jeux.

Übung 48: Übersetzen Sie!

ÜBUNG 48 !

1. seine Assistentin ______________________

2. ihre Straße ______________________

3. mein Hochhaus ______________________

4. unser Kinderspielplatz ______________________

5. eure Zimmer ______________________

Ils avaient trouvé une place à l'ombre et un peu en retrait, à l'abri des regards.
«En cet instant précis, je regrette presque de ne pas avoir une voiture banalisée. Quelquefois il vaut mieux ne pas trop se faire

remarquer. On en apprend plus. Je vais jeter un coup d'oeil aux boîtes à lettres dans l'immeuble. Je veux d'abord m'assurer qu'elle nous a bien dit la vérité quant à son adresse et que le nom sur la boîte est bien le sien.

– Je vous accompagne? demanda Nathalie avec une pointe d'espoir dans la voix.

– Non, je préfère que vous observiez d'ici les allées et venues autour de l'immeuble. Si quelqu'un arrive, vous me prévenez sur mon portable. Je le mets en position vibreur pour ne pas alerter tout l'immeuble de ma présence.» Ce qu'il fit aussitôt.

«Pourquoi n'allons-nous pas directement sonner à la porte et nous renseigner, comme les policiers ont l'habitude de le faire? s'étonna la jeune femme. Il n'y a pas de mal à prendre des nouvelles de Rodica, puisque c'est nous qui l'avons aidée hier.

– Dans un sens, vous avez raison mais je crains que, si elle nous a menti, nous n'apprenions jamais la vérité. Imaginez qu'elle protège son frère par exemple. Comment savoir pourquoi? Ce n'est pas en lui montrant notre carte de police qu'il nous le racontera. Il se méfierait. Non, à mon avis, le mieux pour le moment, c'est d'attendre et d'observer ce qui se passe.

– Vous avez raison. Le fiancé va peut-être arriver avec un gros bouquet de fleurs. Mais quoiqu'il en soit, les choses vont nécessairement bouger et nous, nous serons là.» L'inspecteur approuva.

«Le mieux, c'est que vous m'attendiez ici et que vous fassiez le guet pendant que je vais tâter le terrain.»

ÜBUNG 49 !

Übung 49: Welcher Satz enthält die richtigen Zeitformen? Markieren Sie mit richtig ✔ oder falsch –!

1. Quand j'ai été petit, je venais à Versailles. ☐

2. Quand il est arrivé à la porte, il est entré. ☐

3. Il voulait qu'elle fasse le guet. ☐

4. J'espère qu'il prenne la voiture banalisée. ☐

5. Je regrette que vous ne puissiez pas me suivre. ☐

6. Pendant qu'elle a fait le guet, l'inspecteur allait voir sur place. ☐

Nathalie ne partageait pas son opinion, mais que pouvait-elle faire? Lui était le chef et elle n'était que son assistante. Il fallait bien qu'elle obéisse si elle voulait qu'il la fasse participer à d'autres enquêtes à l'avenir.

Cliquot s'approcha prudemment de l'entrée B du bâtiment, longeant le mur comme le meilleur des agents secrets. Nathalie se dit qu'il attirait plus l'attention sur lui que s'il y allait carrément. Il fallait toujours qu'il exagère un peu! Elle le vit jeter un coup d'œil circonspect à droite et à gauche dans la rue avant de disparaître dans l'entrée de l'immeuble.

Comme l'inspecteur le lui avait commandé, elle observait les environs. Les gens qui passaient dans la rue n'avaient rien de criminels. Ni la vieille dame qui se promenait, à l'ombre de son parapluie, avec un fox-terrier qui leva la patte contre un arbre. Ni le patron du bistrot d'en face qui déplaçait quelques chaises sur sa terrasse. Ni cette maman assise sur un banc, berçant un bébé dans un landau et surveillant son gamin de deux ans qui grimpait sur le toboggan. Tous ces gens-là semblaient bien inoffensifs.

Pendant ce temps-là, Cliquot, qui s'était glissé à l'intérieur de l'immeuble, se trouvait à présent dans le hall d'entrée et lisait les noms sur les étiquettes des boîtes à lettres. Elles étaient fixées au mur sur quatre rangées correspondant aux quatre étages. Celle au nom de Bandiana se situait dans la ligne inférieure, ce qui signifiait que l'appartement se trouvait bien au rez-de-chaussée. Il monta les trois marches jusqu'à la porte et y plaqua son oreille. Il concentra toute son attention, mais n'entendit rien, aucun bruit dans l'appartement. Il était sur le point de s'en aller, quand il sentit une présence derrière lui. Il se retourna doucement, s'attendant au pire. Un gros monsieur, à l'aspect débraillé et à la mine sombre, le regardait faire d'un air mauvais. C'était le concierge.

ÜBUNG 50 !

*Übung 50: Sind diese Handlungen moralisch gut oder schlecht? Beurteilen Sie mit **bien** oder **mal**!*

1. Il écoute aux portes. ____________
2. Il aide la vieille dame à traverser la rue. ____________
3. Il jette du papier par terre. ____________
4. Il bloque la sortie de secours.____________
5. Il dépasse à droite, sur l'autoroute. ____________
6. Il porte le sac de sa voisine jusqu'à chez elle. ____________

«Je peux t'aider?
– Non, merci. Ne vous dérangez pas!
– C'est moi qui vais te déranger, mon gars. Qu'est-ce que tu cherches ici comme ça? Tu es à la recherche d'un mauvais coup, c'est ça, hein? Dis donc, ce ne serait pas toi par hasard le cambrioleur qui attaque les femmes seules dans leur appartement ces derniers temps, dans le quartier?»
Il avait déjà attrapé Cliquot par le col de la chemise et, le soulevant de terre, le traînait vers la sortie. Celui-ci, à moitié étranglé par la poigne de l'individu, essayait de lui expliquer qu'il était de la

police. Mais en vain. L'autre devint encore plus méchant, le secoua comme un sac de patates et lui jeta:
«C'est ça, toi, tu es de la police et moi, je suis le pape! Qu'est-ce que tu dis de ça?»
Sur ces mots, la brute le jeta dans la rue où Cliquot atterrit plutôt durement sur le trottoir. Puis, lui tournant un dos de catcheur et se frottant les mains l'une contre l'autre, il s'éloigna non sans le menacer: «Que je ne t'y reprenne plus! La police, ce n'est rien à côté de moi!» Il disparut dans l'immeuble en claquant la porte.
Cliquot se releva et secoua la poussière de ses vêtements. Il ne pouvait pas croire qu'une telle chose ait pu lui arriver, à lui le meilleur policier de Paris. Il ramassa son béret, le tapa deux, trois fois contre sa jambe et le replaça majestueusement sur sa tête.

*Übung 51: Setzen Sie **bien, mieux, bon** oder **meilleur** in die Lücken ein und gleichen Sie an, wenn nötig!*

! ÜBUNG 51

1. Nathalie est la ____________ assistante que je connaisse.

2. Nous travaillons de ____________ en ____________ ensemble.

3. Est-ce que vous avez ____________ entendu la réponse?

4. Il est arrivé à ____________ port.

5. Il est ____________ arrivé.

6. Cet homme n'a pas de ____________ manières.

7. Il n'est pas ____________ élevé.

Un bref coup d'œil alentour le rassura: il n'y avait heureusement pas eu de témoin de cette scène. C'était déjà assez embarrassant comme ça. Il lança un regard en direction de Nathalie, qui était sortie de la voiture, déjà prête à accourir sur un signe de sa part. Mais il lui fit non de la tête et elle resta sur place.

Il revint vers elle et s'assit à la place du conducteur.

«Vous avez vu ça, ce fou furieux ne m'a même pas laissé le temps de m'expliquer!

– Qu'est-ce qu'il vous voulait? Et d'abord, qui était-ce?

– Le concierge. Je dois dire pour sa défense qu'il m'a surpris en train d'écouter aux portes. Il m'a pris pour un cambrioleur à la recherche d'une nouvelle victime. Il paraît qu'un type s'en prend aux femmes seules, qu'il attaque chez elles, ces derniers temps dans le quartier.

– Oui, en effet, j'en ai entendu parler. Il est recherché par la police. Il vise les femmes sans défense, pénètre dans leur appartement et les dévalise avant de ressortir tranquillement, ni vu, ni connu. Il a déjà terrorisé une dizaine de femmes de cette manière.

– En tout cas, ce n'est pas moi!

– Pourquoi ne lui avez-vous pas montré votre carte de police?

– Je n'en ai eu ni le temps, ni l'occasion. Vous n'avez pas vu le type? Une vraie armoire à glace! Et une poigne de fer et une force de bœuf! C'est qu'il ne plaisantait pas, je vous assure!

ÜBUNG 52 !

Übung 52: Welche Bedeutung haben die folgenden Wendungen? Tragen Sie die richtige Ziffer ein!

1. avoir une mémoire d'éléphant	☐ einen dünnen Zopf haben
2. léger comme une plume	☐ zu viel trinken
3. boire comme un trou	☐ sehr faul sein
4. avoir une queue de rat	☐ ein gutes Gedächtnis haben
5. avoir un poil dans la main	☐ sehr leicht sein

Le regard de Nathalie se figea par-dessus l'épaule de Cliquot. «Regardez, inspecteur. Le type de l'autre fois, celui qui a tiré, le fiancé de Rodica. On dirait qu'il suit le jeune homme qui marche devant lui sur le trottoir.»
Cliquot se retourna dans la direction qu'elle désignait. En effet, un jeune homme aux cheveux noirs marchait sans prendre de précautions particulières, les mains dans les poches, et se dirigeait tranquillement vers l'entrée B du numéro 6. L'autre, par contre, le tireur du parc de Versailles, n'avait pas les meilleures intentions. Il se cachait d'arbre en arbre et essayait de suivre le premier sans se faire voir. L'inspecteur analysa la situation: «Qu'est-ce qu'il lui veut?
– Je pense que le jeune homme devant, avec ses cheveux foncés, c'est Grigore, le frère de Rodica.
– Ça se pourrait bien, oui. Il y a un petit air de ressemblance. Et l'autre a l'air de le suivre, sans doute avec de mauvaises intentions. Sinon, pourquoi se cacherait-il ainsi?»
Grigore était entré dans l'appartement et avait fait une courte apparition sur le balcon pour fumer une cigarette.

Übung 53: Was gehört zusammen? Setzen Sie die richtige Ziffer ein!

1. poser une question	☐	accorder unc faveur
2. pourquoi	☐	donner une réponse
3. prier quelqu'un	☐	trouver
4. l'orient	☐	le coupable
5. chercher	☐	l'occident
6. la victime	☐	parce que

«C'est bien Grigore, il est maintenant dans l'appartement du rez-de-chaussée, regardez!» Nathalie était tout excitée.

Pendant ce temps-là, son poursuivant, Radu – si Rodica n'avait pas menti sur le nom – attendait, appuyé au mur d'un bloc voisin un peu à l'écart, et suivait tous ses faits et gestes.
Grigore écrasa sa cigarette dans le bac à fleurs et rentra, laissant la porte de la terrasse ouverte, chose naturelle vu la chaleur qu'il faisait. C'était l'occasion que Radu attendait. Il se glissa, souple comme un chat, jusqu'au balcon du rez-de-chaussée, posa les deux mains sur le rebord et, d'un coup, se retrouva sur le balcon. Il ne s'imaginait pas un instant qu'il était lui-même observé.
«Oh! Qu'est-ce qu'on fait maintenant? Il est entré par effraction et nous en sommes témoins. Il faut agir, s'écria Nathalie. Il a déjà tiré sur quelqu'un, il pourrait bien recommencer!
– Vous avez raison, je vais voir ça de plus près.
– Vous êtes armé?
– Je ne suis jamais armé. Ça porte malheur! lui affirma-t-il, alors qu'il était déjà à moitié sorti de la voiture.
– Qu'est-ce que vous voulez faire? Vous ne pouvez tout de même pas sonner tranquillement à la porte!
– Non. Mais je peux faire comme notre ami Radu et passer par le balcon. Je suis trop curieux de savoir ce qu'ils se racontent.
– S'il lui laisse le temps de parler avant de tirer, lança Nathalie.
– Ce sont les risques du métier. J'y vais, et vous…
– Oui, je sais, dit-elle un peu énervée. Je reste à l'ombre, je fais le guet et je vous préviens si quelqu'un arrive.
– J'adore travailler avec vous… Vous comprenez tellement vite, dit Cliquot en s'éloignant avec un petit geste amical de la main.

Übung 54: Verbinden Sie die Satzteile und bilden Sie sinnvolle Sätze!

1. Si vous aviez moins peur,

2. Si vous entendez des coups de feu,
3. Si vous aviez interrogé les témoins,
4. Si vous êtes coupable de cet acte,
5. Si vous preniez le temps de chercher,
6. Si vous n'étiez pas partis si tôt,

a) vous auriez vu les fontaines musicales.
b) vous serez jugé.
c) vous trouveriez les indices nécessaires.
d) vous ne vous sauveriez pas.
e) vous vous mettrez à l'abri.
f) vous auriez su à quoi ressemblait l'assassin.

– Faites attention à vous, lui souffla Nathalie, mais elle n'était pas sûre qu'il l'ait entendue. Cette fois-ci, les événements prenaient une tournure sérieuse et elle craignait pour lui.
En quelques grandes enjambées, il se retrouva lui aussi au niveau du balcon. Un coup d'œil par-dessus le rebord lui apprit qu'il n'y avait personne dehors mais il entendit des voix dans la pièce qui donnait sur la terrasse. Une, deux, trois… et hop. Il prit son élan. L'atterrissage ne fut pas aussi souple et élégant que celui de Radu. Pourtant il parvint à son but.
«Il faudra vraiment que je me remette au sport!» se dit-il.
Ses courbatures du matin étaient toujours bien réelles. Il s'approcha de la porte ouverte et reconnut les deux hommes dans la pièce. Grigore était debout, la mine tendue.
Radu Ceplanu était assis dans un fauteuil, une jambe croisée par-dessus l'autre et balançait la pointe de son pied de haut en bas en parlant. Cliquot vit le revolver innocemment posé sur la table basse devant lui, comme s'il ne pouvait pas faire de mal à une mouche, mais son canon était dirigé vers Grigore.

«Nous étions bien d'accord pour que tu nous livres le Renoir après le vol. Où est-il?
– Je n'en ai aucune idée. Je ne l'ai plus.
– Je sais que tu ne l'as plus, puisque c'est Rodica qu'il l'a. Tu sais qu'on ne plaisante pas. Je l'ai manquée une fois, mais la prochaine fois, je ne la manquerai pas.
– Laisse-la tranquille! Je vais lui faire entendre raison.
– Tu as intérêt! Elle sort de l'hôpital demain à onze heures, à ce qu'il paraît.
– Comment…?
– Ne cherche pas! J'ai mes sources et je vous ai à l'œil tous les deux. Dès qu'elle est sortie, je veux le tableau, sinon…»
Son ton était menaçant.

ÜBUNG 55 !

Übung 55: Bilden Sie eine höfliche Inversionsfrage im Konditional!

1. Vous pouvez m'aider? Pourriez-vous m'aider?

2. Tu veux m'accompagner? ______________________

3. Cela te dérange de me ramener chez moi?

____

4. Tu peux me dire l'heure? ______________________

5. Il est possible que vous passiez me prendre?

____

6. Cela vous ennuie de me tenir le cheval un instant?

____

Il avait ressaisi son revolver et gesticulait avec en direction de Grigore.
«Et pas de flics, tu as bien compris. Tu sais que notre commanditaire n'apprécierait pas et tu te doutes des conséquences pour vous tous» acheva-t-il avec un rire méchant.
Cliquot décida qu'il était temps de disparaître. Il sauta du balcon pour se retrouver nez à nez… avec le concierge.
«Encore toi! Je t'avais…» Il n'eut le temps ni de finir sa phrase ni d'agripper Cliquot. Celui-ci lui avait déjà balancé son poing au creux de l'estomac et, vif comme l'éclair cette fois-ci, lui colla sa carte sous le nez en soufflant:
«Police! Pas un mot. Tu as compris?»
L'autre prit un air idiot et hocha la tête pour acquiescer.
«Je ne pouvais pas deviner… commença –t-il.
– Tais-toi. Tu vas me faire remarquer. Rentre et oublie que tu m'as vu!» ordonna Cliquot.
Le concierge ne se le fit pas dire deux fois. Il disparut sans discuter.

Übung 56: Setzen Sie, wenn nötig, die fehlenden Präpositionen ***à*** *oder* ***de*** *ein!*

ÜBUNG 56 !

De retour à la voiture, Cliquot reprocha (1.) ____ son assistante:
«C'est comme ça que vous me prévenez?
– Je n'ai pas osé (2.) ____ faire vibrer le portable. Je craignais (3.) ____ révéler votre présence. Le concierge ne vous avait pas vu, il a seulement sorti les poubelles. Il serait passé sans se douter que vous étiez sur le balcon, si vous n'aviez pas sauté juste au mauvais moment.»

Cliquot dut reconnaître qu'elle avait agi raisonnablement.

«Vous avez raison. Je n'étais qu'à deux mètres des deux hommes. Ils auraient pu entendre (4.) ____ le vibreur du portable.

– Cette fois-ci, vous ne lui avez pas laissé le temps (5.) ____ dire «ouf», au concierge. Votre coup de poing l'a plié en deux.

L'inspecteur était assez fier (6.) ____ lui.

«J'avais remarqué, lors de notre premier entretien, qu'il ne savait pas discuter, répondit-il sur le ton de la plaisanterie. Alors cette fois-ci, j'ai pris la parole le premier.

– Vous avez des arguments percutants, c'est le moins qu'on puisse dire!» Nathalie aimait les jeux de mots.

«En tout cas, j'ai entendu toute la conversation de Grigore et de Radu qui le menaçait, même si je n'ai pas compris grand-chose (7.) ____ leur histoire, avoua-t-il.

– Il le menaçait et vous n'êtes pas intervenu? s'étonna la jeune femme. Et s'il arrivait quelque chose (8.) ____ Grigore?

– Je n'avais pas l'impression qu'il soit en danger dans l'immédiat. Venez, laissez-moi d'abord éloigner la voiture pour qu'ils ne la voient pas quand ils sortiront… Je vous raconterai ensuite ce que j'ai entendu. Vous comprendrez ce que je veux dire.»
Ils se remirent en route en direction de Versailles. À la sortie de Viroflay, Cliquot arrêta le moteur sur un parking le long de la forêt, à l'ombre, un peu en retrait de la route, à l'abri des regards curieux. Il voulait réfléchir tranquillement à la conversation qu'il avait enten-

due et n'arrivait pas à se concentrer en conduisant. Ils ouvrirent les portières pour laisser entrer un peu d'air frais dans le véhicule.
«Ils parlaient d'un tableau dérobé? réfléchit tout haut Nathalie, que Cliquot avait déjà un peu mise au courant pendant le trajet.
– Oui, d'un Renoir. Il semble que Grigore ait volé le tableau pour un commanditaire dont le nom n'a malheureusement pas été cité.
– Et le voleur aurait été lui-même volé par sa propre sœur. Elle est bizarre, cette histoire.
– En tout cas, il semble qu'en agissant ainsi, elle les ait mis tous les deux dans une position intenable. Radu avait posé son revolver sur la table, et il ne faisait aucun doute qu'il n'hésiterait pas un instant à s'en servir à nouveau.
– Je n'arrive pas à comprendre le rôle de Rodica dans cette affaire. Parfois, elle est la victime: elle se fait tirer dessus! Parfois, elle est la coupable: elle détient un Renoir volé! déclara Nathalie. Je ne réussis pas à savoir si je dois la plaindre ou lui en vouloir. Mon instinct ne me dit rien à son sujet.
– À mon avis, il y a un peu des deux. Je me demande si elle n'a pas voulu protéger son frère, en l'empêchant de commettre un délit. Elle avait peut-être dans l'idée de restituer le tableau à son propriétaire pour éviter des ennuis à Grigore.

Übung 57: Setzen Sie die Sätze ins Aktiv oder Passiv! Achten Sie auf die Zeitform!

ÜBUNG 57

1. Grigore a volé le tableau.

   Le tableau a été volé par Grigore.

2. Des voleurs ont dérobé des objets de valeur.

   ______________________________________.

3. Des indices importants ont été trouvés par les policiers.

____.

4. Cliquot et son assistante découvrent des choses.

____.

5. L'inspecteur interrogera plusieurs témoins.

____.

– Grigore serait donc venu à Versailles spécialement pour commettre un vol? Peut-être fait-il parti d'une bande organisée de voleurs.
– Tout ça, ce ne sont que des suppositions. Il nous faut des preuves et rapidement, avant que je ne sois obligé de remettre mon rapport au préfet.
– Pour le moment, nous ne savons toujours pas à qui appartenait ce tableau, ni où, ni quand il a été dérobé. Ce serait peut-être la première chose à élucider, ne pensez-vous pas, inspecteur?
– Oui. Je pourrais consulter les fichiers de la police.
– Je connais un autre moyen plus rapide, qui nous éviterait de retourner à Paris. Vous n'avez pas faim?
La question de Nathalie surprit Cliquot.
«Je ne vois pas le rapport avec notre affaire, mais si!»
Puis, portant une main à son estomac, qui n'avait pas reçu de nourriture depuis le très lointain petit-déjeuner du matin:
«Si, en effet, j'ai une faim de loup! J'ai l'impression que ça fait une éternité que je n'ai rien mangé!»
– Moi aussi, j'ai faim et j'ai une idée où nous pourrions nous restaurer et apprendre toutes les informations dont nous avons besoin. Nous pourrions aller «Au Fou du Roi», un petit cybercafé restaurant que je connais bien. Il est situé en plein cœur de Versailles, à quelques pas du château.»

Cliquot regarda sa montre d'un air sceptique.
«Et vous croyez qu'ils vont nous servir quelque chose à manger à cette heure-ci? Il est déjà plus de quinze heures.
– Oui, sans problème: les cybercafés restent même ouverts la nuit. Vous allez voir, c'est un endroit tout à fait sympathique. Le patron fait la cuisine lui-même et propose un plat unique selon la saison.»

Übung 58: Schreiben Sie die Zeitangaben aus, in der nationalen und internationalen Form!

1. 08: 15 *Il est huit heures et quart, huit heures quinze.*
2. 11: 45 ______
3. 15: 30 ______
4. 17: 40 ______
5. 00: 01 ______

L'inspecteur referma sa portière et mit le contact.
«Alors, allons-y! Je vous fais confiance! Le principal, c'est que je puisse me mettre quelque chose sous la dent. Maintenant que vous me l'avez fait remarquer, j'ai tellement faim que je serais capable de manger un boeuf entier!»
Nathalie prit la précaution d'attacher sa ceinture: comme l'inspecteur conduisait, ce n'était ni une question de prudence, ni une question de règlement, mais une simple nécessité!
Cette fois-ci, ils stationnèrent en plein centre de Versailles sur le parking de la cathédrale Saint-Louis. Un des avantages d'une voiture de fonction était qu'ils n'avaient pas besoin de payer de droit de stationnement. De plus, ils n'étaient pas limités dans le

temps. Nathalie redécouvrit avec ravissement le quartier Saint-Louis, qu'elle n'avait pas revu depuis longtemps.
«Vous savez qu'il est situé à l'endroit même où se trouvait l'ancien village de Versailles!» s'exclama-t-elle.
– Maintenant, je le sais! Dites-moi, vous avez avalé un livre d'histoire? On peut vous poser n'importe quelle question à ce propos, vous connaissez la réponse.»
Nathalie considéra cette réflexion comme un compliment et dit en riant de plaisir:
«Eh oui! Si, un jour, on ne veut plus de moi dans la police ou aux archives, je me recyclerai comme guide touristique! Je me promènerai à travers la ville en levant mon parapluie et en criant: Suivez le guide!»
Elle avait prononcé ces derniers mots si fort que quelques passants se retournèrent, ce qui provoqua, chez elle, un nouvel éclat de rire.
«Ce n'est pas demain la veille! Et puis d'abord, les parapluies, c'est pour les Anglais! déclara Cliquot sérieusement. Quoiqu'il en soit, pour le moment, j'ai besoin de vous et de vos capacités en informatique!»

! ÜBUNG 59

Übung 59: Bringen Sie die Sätze des Telefonats in die richtige Reihenfolge!

1. – Une dernière question pour finir! Est-ce que vos guides parlent allemand?
2. – Normalement oui, mais pas avec notre service. Vous réservez en ligne ou par téléphone.
3. – Oui, bonjour. Notre agence vous propose plusieurs formules de visite. Je pense que vous n'avez pas envie de faire la queue?
4. – Oui, bien sûr. Ce sont tous des interprètes diplômés.

5. – Bonjour, monsieur, nous sommes intéressés par la visite guidée du château de Versailles.
6. – Non, pourquoi? Il faut attendre longtemps aux guichets?

Reihenfolge: _ _ _ _ _ _

Ils remontèrent la voie piétonne de la rue de Satory et passèrent devant un grand nombre d'artisans et de petits commerçants pour finalement arriver à une devanture en bois, peinte en bleu, devant laquelle Nathalie s'arrêta.
«C'est là!» déclara-t-elle.
Cliquot leva la tête, un peu surpris de voir que ce cybercafé n'avait rien de l'aspect ultramoderne auquel il s'attendait. Une enseigne en céramique à l ancienne annonçait: «Au Fou du Roi». Elle représentait un écran d'ordinateur en forme de visage, coiffé d'un bonnet de fou à trois pointes garnies de clochettes. Plus bas, au-dessus de la vitrine, une deuxième enseigne, plus moderne, était plus explicite: Cyber – Café – Restaurant. Devant l'entrée, quelques tables rondes avec des fauteuils en osier invitaient à prendre place et à consommer en terrasse.
«Ça ne paie pas de mine, dit Nathalie, voyant le regard un peu sceptique de l'inspecteur. Mais vous allez voir, à l'intérieur, c'est…
– Oui, je sais!… C'est charmant! termina celui-ci, sur un ton légèrement ironique.
– Ne vous moquez pas! Vous verrez que je n'exagère pas.»
L'atmosphère qui régnait dans ce cybercafé n'avait rien de l'ambiance habituellement froide des salles d'ordinateurs. D'abord, des ordinateurs, on n'en voyait pas. Un bar longeait le mur , de la même couleur bleu roi que la devanture. Un tableau noir invitait les internautes à profiter des plateaux horaires très étendus de ce cybercafé et des soirées chansons ou cabaret qui y étaient pro-

posées le samedi soir. Une jeune femme souriante servait deux clients installés sur de hauts tabourets et discutait avec eux.
«Ça fait artistes-étudiants, observa Cliquot. Il n'y a pas d'ordinateurs. Nous ne pourrons pas faire nos recherches.

ÜBUNG 60 !

Übung 60: Setzen Sie das fehlende Relativpronomen ein!

1. La devanture devant __________ ils s'arrêtent est peinte en bleu.
2. Le lieu ____________ elle pense est un cybercafé.
3. Le bar près __________ se trouvent les clients longe tout le mur.
4. Les clients avec ________ la patronne discute ont l'air d'étudiants.
5. Les tables _________ on peut s'asseoir sur la terrasse sont rondes.

– Mais si, nous allons pouvoir faire des recherches, suivez-moi, vous allez voir. Il y a encore une pièce derrière, réservée aux internautes. C'est très pratique, car on peut s'y retirer au calme pour travailler.» Elle passa devant la patronne, la salua et lui indiqua qu'elle allait dans la salle des ordinateurs. Ils pénétrèrent dans la pièce du fond et découvrirent une douzaine d'écrans, placés en carré par quatre sur des tables, le reste étant dissimulé sous des nappes bleues, aux couleurs de la maison.
La patronne arriva pour prendre les commandes.
«Vous faites toujours le plat du jour? s'enquit Nathalie.
– Oui. Aujourd'hui, c'est: côtes de mouton sauce au curry, riz et salade. Si vous commandez pour deux personnes, c'est une demi-heure d'Internet gratuite. Sinon, c'est 5,50 euros de l'heure pour Internet.»
Nathalie se tourna vers Cliquot.

«Vous prenez le mouton?»
– Oui, et un grand coca avec des glaçons!
– Ce sera la même chose pour moi. Nous allons sur l'Internet. Quel appareil prenons-nous?»
Elle les installa à une table libre. Les autres étaient occupées par quelques jeunes devant leur écran, complètement hypnotisés par ce qui s'y passait. Ils n'avaient pas réagi à leur présence.

Übung 61: Lesen Sie weiter und finden Sie die elf Begriffe, die Cliquots und Nathalies Suche im Internet betreffen! Unterstreichen Sie diese!

Nathalie se connecta au moteur de recherche, qui apparut sur l'écran.
«Bon! Qu'est-ce que j'entre comme données?
– Essayez les mots: vol et Renoir.» proposa Cliquot.
Le moteur de recherche leur proposa des vols Paris – San Francisco ou les prix pour une nuit dans un hôtel du nom de «Renoir» à Atlanta.
«Ce n'est pas ce qu'on cherche.» reconnut Nathalie.
Elle tapa les mots: «Renoir volé», en espérant éviter les vols d'avion dans les réponses.
Cliquot fixait l'écran comme s'il voulait lui soutirer la réponse attendue. Il dit d'une voix déçue:
«Nous voici maintenant avec des tableaux volés dans tous les coins du monde et à toutes les époques! Ce n'est pas cela non plus. Vous croyez qu'on va y arriver? On devrait peut-être quand même retourner à Paris. Là au moins, je suis sûr de trouver la réponse dans les dossiers de la police.»

Nathalie, habituée à faire des recherches jusqu'à ce qu'elle ait trouvé, n'abandonnait pas aussi facilement.
«Il faut que nous limitions la recherche dans le temps, sinon nous ne trouverons pas; le champ des réponses est trop vaste, dit-elle. Ayez un peu de patience et faites-moi confiance!»

– Le problème est que nous ne connaissons ni la date, ni l'endroit du vol, ni le propriétaire du tableau, reconnut Cliquot. Nos renseignements sont très vagues.
– Je vais essayer avec: «Renoir volé à Versailles», on verra bien ce que ça donnera! On finit toujours par trouver! Puis elle s'écria brusquement: «Ça y est, on y est!»
Cliquot lut à haute voix:
«Un Renoir a été dérobé à Versailles sous les yeux du public, qui ne s'est aperçu de rien. Lors de l'exposition d'objets destinés à la vente et de plusieurs tableaux de grande valeur dans la Salle des Ventes Louis XVI à Versailles, un Renoir, estimé à 200 000 euros par les experts et appartenant au juge Martial, résidant également à Versailles, a disparu. Le coupable a profité de l'effet de foule pour agir sans se faire remarquer. Le juge Martial a déclaré que son bien était assuré, mais qu'il craignait que le tableau ait déjà passé la frontière et atterri dans la cave privée d'un riche collectionneur étranger.
– Et regardez la date, lui fit remarquer Nathalie. C'était vendredi dernier, deux jours avant qu'on ne tire sur Rodica.
– Vous êtes fantastique, Nathalie! On a le lieu, le jour et le propriétaire du tableau. Il est même précisé que celui-ci habite à Versailles et que la Salle des Ventes Louis XVI se trouve ici également. Il suffira d'y aller pour avoir plus d'informations.
– Oui, vous voyez, avec un peu de patience, on trouve tout sur Internet. Il faut savoir faire un choix, mais on trouve!

Übung 62: Setzen Sie das Gegenteil der Wörter in Klammern ein!

1. Pour le ______________ et pour le (pire).
2. Ce n'est pas (mieux) mais ce n'est pas ______________.
3. Il a (tort) mais il veut toujours avoir ______________.
4. Il n'est pas (gentil) avec elle, il est même ______________.
5. Ce n'est pas (réalisable), c'est même ______________.
6. Ce n'est pas de (la prudence), c'est de ______________.

Nathalie était heureuse d'avoir pu mettre, une nouvelle fois, ses connaissances en informatique au service d'une enquête.
La patronne du cybercafé arriva avec deux assiettes fumantes, garnies de riz et de viande.
«Les salades, je vous les apporte à part.»
Elle plaça le tout sur une longue table commune, couverte d'une nappe blanche et réservée aux repas. Il n'était pas prévu que les clients mangent à côté des ordinateurs.
«Vous tombez à pic.» dit Cliquot. Nous venons juste de terminer de «surfer» sur Internet. Il employa volontairement un mot de vocabulaire que Nathalie avait déjà utilisé en sa présence.
«C'est très bien Vous n'aurez pas de supplément à payer. Vous avez mis à peine une demi-heure, précisa la patronne.
«Vous voyez, nous avons même gagné du temps. Si nous avions dû retourner à Paris, l'aller et le retour nous auraient coûté au moins une heure de trajet, sans compter les recherches.» se réjouit Nathalie en prenant place devant son assiette, en face de l'inspecteur.
Celui-ci héla la femme qui ressortait chercher les salades et les boissons: «Est-ce que vous pouvez aussi nous apporter une cor-

beille de pain frais?» demanda-t-il. Puis, se tournant vers Nathalie: «Moi, il me faut du pain avec mes repas. Je sais que ce n'est pas bon pour mon régime, mais je ne peux pas faire sans!»
Repus et satisfaits, ils se mirent en route pour parler au directeur de la Salle des Ventes. Ils avaient pris rendez-vous depuis le restaurant, par un appel avec le portable de l'inspecteur. Le directeur les attendait. Peut-être aurait-il des détails à apporter à leur affaire?

! ÜBUNG 63

Übung 63: Ordnen Sie richtig zu!

(a) le melon au jambon b) la tarte aux pommes c) l'assiette de charcuterie d) le bœuf aux carottes e) la glace f) le potage g) le lapin aux pruneaux h) le flan à la vanille i) les haricots verts aux lardons)

1. les entrées ____________________

2. les plats principaux ____________________

3. les desserts ____________________

«Alors, vous avez bien mangé!?» La réflexion de Nathalie était plus une affirmation qu'une question. L'appétit de Cliquot n'avait fait aucun doute.
Pour terminer le repas, ils avaient pris une crêpe chaude avec une boule de glace à la vanille, accompagnée d'un café. Ce dessert avait agréablement clos le repas.
«Oui. Finalement, vous aviez raison. Le restaurant ne paie pas de mine, mais on y mange très bien. Le mouton était tendre, le riz cuit à point et la salade parfaitement assaisonnée.»
«Et la sauce au curry, le patron la fait lui-même. Sans parler du dessert! Un vrai régal!» ajouta son assistante.

Ils reprirent la voiture car la Salle des Ventes Louis XVI se trouvait à la sortie de Versailles. La patronne du cybercafé leur avait indiqué la route à suivre. Ils arrivèrent devant un grand bâtiment, un ancien hôtel particulier du XVIIIe siècle.
«Magnifique! déclara Nathalie pleine d'enthousiasme. J'adore Versailles. C'est une ville au passé riche en événements importants pour la France et qui en témoigne à tous les coins de rue.»
Ils montèrent le grand escalier en pierre de l'entrée. L'intérieur de la demeure était superbe.
«Impressionnant!» ajouta Cliquot en regardant vers les immenses plafonds où pendait un lustre de cristal.

Übung 64: Bilden Sie das Partizip Präsens oder das Verbaladjektiv der Verben in Klammern!

Le directeur, les (1. avoir) ayant vus arriver, s'avança vers eux en (2. se frotter) ________ les mains l'une contre l'autre, dans un mouvement très (3. commercer) __________ qui déplut dès le premier abord à l'inspecteur. Puis il salua Nathalie. Il retint sa main plus longuement que nécessaire, l'(4. observer) ____________ en connaisseur d'œuvres d'art et dit:

«Enchanté! Mademoiselle…?

– Claudel. Nathalie Claudel, dit la jeune femme.

– Enchanté, mademoiselle Claudel», répéta-t-il en ne la (5. quitter) __________ pas des yeux.

Cliquot, qui observait la scène d'un mauvais œil, lui arracha pratiquement la main dans un geste énervé et, la (6. secouer) __________ exagérément, dit:

«Et moi, c'est Cliquot. Inspecteur Cliquot de la police judiciaire de Paris.» Il ajouta: «Mademoiselle Claudel est mon assistante.» en (7. appuyer) _________ sur le possessif.

Le directeur s'arracha à la contemplation de Nathalie.
«Permettez que je me présente également. Anatole Duvallon. Directeur de la Salle des Ventes.»
Nathalie fit le tour des lieux avec un air admiratif.
«Cela doit être un plaisir de travailler dans un endroit pareil!
– Oui, c'est très agréable. Cet hôtel particulier appartient à notre famille depuis plus de 500 ans. Si vous le permettez, je vais vous faire visiter les lieux. Ou tout au moins, la partie réservée aux clients, le reste de la demeure étant à usage privé.» fit-il avec un clin d'œil à Nathalie.
Puis, avec un grand geste de la main, il les invita à le suivre. Tout en marchant, il expliquait:
«Nous avons deux salles d'exposition et de vente. L'une est au rez-de-chaussée, l'autre au premier étage. Au sous-sol, une vaste cave sert d'entrepôt.»
Ils passèrent dans une pièce aux tentures rouges, dans laquelle trois grandes vitrines protégeaient des objets de valeur. L'une d'elle était réservée aux bijoux. L'autre renfermait un service et une maison de poupée ancienne. La troisième était réservée à des livres et autres documents calligraphiés. Des meubles et des fauteuils d'époque étaient placés le long des murs, auxquels se trouvaient accrochés plusieurs tableaux de maître.
Cliquot se dirigea vers l'un d'eux et, posant les deux mains sur un

meuble Louis XV, se baissa pour regarder sous le tableau. Le directeur se précipita pour rattraper de justesse une pendulette antique que l'inspecteur avait poussée par inadvertance, en se penchant pour mieux voir.
«Prenez garde, inspecteur: tout a de la valeur ici! Certaines pièces sont très rares et pratiquement inestimables. Votre salaire de policier ne suffirait jamais à les remplacer.» ne put-il s'empêcher d'ajouter avec un sourire à l'attention de Nathalie.

Übung 65: Setzen Sie die Sätze in die Befehlsform!

1. Il faut que vous fassiez attention. *Faites attention!*
2. Il faut que tu prennes à droite. ______
3. Vous pouvez me suivre. ______
4. Tu peux me la donner. ______
5. Tu y vas. ______
6. Tu regardes la pendulette. ______

Puis, s'adressant de nouveau à Cliquot:
«Je peux vous aider: vous cherchez quelque chose?
– Oui, Je me demandais s'il y avait un système d'alarme.
– Mais très certainement! Vous voyez les fils là derrière, ce sont des fils du système d'alarme pour sécuriser les tableaux, comme dans les musées.»
Nathalie intervint, ne dissimulant pas son étonnement:
«Alors, comment se fait-il que le Renoir ait pu être dérobé, et cela en plein jour et en public?» demanda-t-elle.
Le directeur se sentit brusquement mal à l'aise.

«Ça, c'est une autre histoire. Une dame très distinguée, très élégante, est venue jeudi. C'était la veille de l'exposition des objets prévus pour la grande vente du week-end. Elle affirma que son employeur était un riche collectionneur étranger et qu'il avait appris que nous avions un Renoir à vendre. Il était fortement intéressé et se trouvait être de passage à Versailles vendredi, jour de l'exposition. Malheureusement, ce Renoir n'était pas au programme de la vente, il n'était donc pas exposé. Mais nous étions prêts à faire une exception.

ÜBUNG 66 !

Übung 66: Ersetzen Sie die Wörter in Klammern durch das entsprechende Synonym!
(de signal de sécurité, vitrines, remarquer, au sous-sol, peintures, endroit, fermées, montrant)

Seulement, il ne restait plus d'(1. emplacement) ______________ sécurisé pour le Renoir, qui se trouvait encore (2. à la cave) __________ à ce moment-là. Donc, nous l'avons remonté vendredi matin et l'avons accroché entre les autres tableaux, à cet endroit.»

Il s'avança vers le mur en (3. désignant) ____________ du doigt un emplacement où se trouvaient deux (4. verrières) ____________ rectangulaires ne pouvant contenir que des (5. tableaux) ____________ de petite taille.

« Elles sont (6. cadenassées) ____________, ainsi que le prévoit le contrat d'assurance, mais comme vous pouvez le (7. constater)

________, c'est un des rares endroits où il n'y a malheureusement pas encore (8. d'alarme) __________. Il est prévu que nous en fassions mettre un…

«Mais pour le Renoir, c'est trop tard!»
L'inspecteur était heureux de marquer enfin des points contre cet homme qui s'intéressait d'un peu trop près à son assistante et de se venger de la réflexion à propos de son salaire de fonctionnaire.
«C'est exact, confirma celui-ci. Je n'aurais jamais imaginé que quelqu'un ait le courage de dérober le Renoir, alors qu'il y avait tant de monde autour!»
«Et les caméras? demanda Nathalie. Elles n'ont pas filmé le voleur?
– Si, bien sûr. Elles ont même très bien fonctionné, mais nous avions organisé un petit cocktail de bienvenue dans ce coin. Il s'était donc formé un petit attroupement devant le bar, que nous avions installé à cet effet. Ce groupe de personnes était dans le champ de vision de la caméra et cacha le tableau pendant quelques instants. Le voleur a profité de la foule pour le prendre, c'est pourquoi on le voit à peine sur la bande. Impossible de l'identifier. Il a réussi à fracturer le cadenas, sans qu'on le remarque, et à dérober le tableau, qui était assez petit pour être caché sous un manteau.»
«Il doit avoir de grands talents de pickpocket, c'est certain. Mais il y a autre chose que j'aimerais savoir, reprit l'inspecteur. Cette dame, dont vous parliez tout à l'heure, vous pourriez nous la décrire?
– Oui. Très jolie, des yeux fantastiques. Elle parle avec un très léger accent, à peine audible.
– Rodica, s'écrièrent Nathalie et l'inspecteur d'une seule voix.
– Vous la connaissez?» Le directeur les regarda brusquement avec

méfiance. Avaient-ils présenté leur carte de police en arrivant? Cliquot ne répondit pas. Il voulait être sûr de lui.
«Vous dites qu'elle était très élégante?
– Ça oui. Elle portait un tailleur deux pièces, une blouse blanche et des chaussures à talons hauts, très chic.
– Ça, ça ne cadre pas avec Rodica. Notre Rodica est plutôt du genre jupe longue multicolore et sandales…»
«Ça ne veut rien dire, le coupa Nathalie. Les femmes, ça change d'allure comme de chemise. Et vous le savez aussi bien que moi, l'habit ne fait pas le moine.»

! ÜBUNG 67

Übung 67: Ordnen Sie die Kleidung zu!

(a) les sandalettes b) le manteau c) la chemisette d) le short e) le pantalon de velours f) le bonnet g) la robe de laine h) le maillot de bain i) le pull à col roulé j) le chapeau d'été k) les bottes)

1. für den Winter ____________________
2. für den Sommer ____________________

Cliquot réfléchissait tout haut.
«Vous avez raison. Si elle voulait passer pour la secrétaire d'un homme riche, elle se sera habillée de façon à être crédible dans son rôle.»
Le directeur avait également déjà réfléchi à la question.
«Quoi qu'il en soit, le riche collectionneur ne s'est jamais présenté, ce qui laisse à penser qu'il n'a jamais existé. Elle a dû venir pour préparer le terrain et aider son complice.»
Cliquot estima que le délit était bien calculé.
«À mon avis, celui qui a prévu le coup est au courant des habitudes de la maison et savait que vous aviez des emplacements non

sécurisés par une alarme. Il n'avait plus qu'à s'arranger pour que vous soyez obligé de présenter le Renoir.»
Nathalie lança: «C'est Rodica qui s'en est chargée, en prétextant la venue du collectionneur ce vendredi-là.»
«Sachant que les salles étaient prises par les expositions prévues, il était évident que, par manque de place, vous utiliseriez l'un des cadres non sécurisés qui étaient restés libres.»
«Et moi, bêtement, je l'ai fait! Je suis tombé dans le piège comme un débutant!»

Übung 68: Bilden Sie Passiv-Sätze im Passé Composé!

ÜBUNG 68 !

1. (vitre, briser) *La vitre a été brisée.*

2. (tiroirs, fracturer) ______________

3. (alarme, interrompre) ______________

4. (fenêtre, ouvrir) ______________

5. (gardien, assommer) ______________

6. (nous, dérober) ______________

Le directeur s'en voulait. Avec son expérience, une telle chose n'aurait pas dû arriver.
«Mais j'ai une excuse. Les Renoir ne se vendent plus comme autrefois. Les ventes sont assez mauvaises pour ces tableaux en ce moment, que ce soit à New York ou à Londres. Alors je ne voulais pas laisser passer une bonne occasion… Quelle mauvaise publicité pour la maison!»

Cliquot n'avait pas envie de le plaindre.
«J'aimerais encore parler du propriétaire du tableau… J'ai lu sur Internet qu'il s'agissait du juge Martial. Avait-il une raison particulière de le vendre?
– Les vendeurs ont toujours une bonne raison de le faire. Peut-être voulait-il s'en séparer pour une raison de goût? Comme je vous le disais, les Renoir ne sont plus très à la mode. Le voleur est allé à contre-courant en dérobant un tableau difficile à écouler sur le marché. Mais bien évidemment, il reste toujours quelques collectionneurs fanatiques, qui s'en procureraient un à tout prix. Il peut avoir été commandé à l'avance par un passionné.»
Le directeur leur montra encore la salle du haut, en tous points semblables à celle du bas. Les mêmes vitrines, les mêmes tentures rouges qui mettaient en valeur la beauté et la valeur des objets exposés, les mêmes effets de lumière.
Nathalie et l'inspecteur le remercièrent pour ses renseignements. Pour finir, le directeur invita ouvertement la jeune femme à repasser, à l'occasion, lui rendre visite. Cliquot n'apprécia pas ce geste et fit ses adieux en lui serrant la main froidement. Lui, pour sa part, ne fut pas invité à revenir.

ÜBUNG 69 !

Übung 69: Finden Sie die richtige Übersetzung!

1. ich selbst	☐ pour la même raison
2. heute noch	☐ la même chose
3. die Güte selbst	☐ le même
4. dasselbe	☐ aujourd'hui même
5. aus dem gleichen Grund	☐ moi-même
6. der gleiche	☐ la bonté même

De retour sur le parking, Cliquot tendit les clefs de la voiture à son assistante.
«Tenez, je vous laisse conduire. Je suppose que vous préférez.»
Elle les saisit avec soulagement. L'aller lui avait suffi. Elle n'aimait pas penser au retour vers Paris avec l'inspecteur comme chauffeur.
«Il me laisse son jouet, se dit-elle avec un sourire intérieur. Est-ce que le comportement galant d'Anatole Duvallon à mon égard y serait pour quelque chose?»
Ils remontèrent en voiture, elle démarra et prit la direction de l'autoroute vers la capitale.
Ils profitèrent du trajet pour faire le point de la situation.
«Le voleur de ce Renoir semble donc bien être Grigore, et Rodica serait sa complice. Le commanditaire, ou celui qui a organisé le vol, doit être un habitué de cette salle des ventes, déclara Cliquot.
– Cela expliquerait pourquoi il connaît l'existence des cadres cadenassés sans système d'alarme et le fonctionnement général des expositions avant les ventes, compléta son assistante. Grigore et Rodica ne sont, à mon avis, que deux personnages secondaires. Il y a sûrement une grosse organisation derrière.»
Cliquot regarda sa montre.
«Déjà sept heures! Il est tard et la journée a été longue…
– Et fructueuse!
– En effet, très fructueuse, approuva-t-il. Je vous propose que nous rentrions nous reposer et que nous reprenions l'enquête demain matin. Il faudrait que nous soyons peu avant onze heures devant l'entrée de l'hôpital, pour ne pas manquer la sortie de Rodica.
– Je suis curieuse de voir dans quelle direction elle dirigera ses premiers pas!
– En tout cas, où qu'elle aille, nous serons derrière elle. Je n'arrive toujours pas à croire qu'une personne aussi charmante soit si rusée et si malhonnête!»

Übung 70: Übersetzen Sie die Ausdrücke in Klammern!

Ils atteignirent la capitale. La circulation sur le périphérique était fluide, les bouchons des (1. Hauptverkehrszeit) ________________ avaient déjà disparu.

«Il ne faut pas sous-estimer les femmes. Elles sont capables de tout pour arriver à leur but.

– Oui. La question est de savoir quel est son but.

– L'argent? La cause de la plupart des actes criminels.

– L'argent et l'amour aussi, dit Cliquot, sur un ton sentencieux.

– Je pencherais plutôt pour l'argent.

– Oui. Ça se peut, mais je n'en suis pas certain. Mon instinct me dit qu'il y a autre chose.

– Peut-être le découvrirons-nous demain?

– Il le faut. C'est (2. morgen) ___________ que le préfet attend mon rapport. Mais il attendra (3. bis zum Abend) __________________! Demain matin nous avons autre chose à faire.»

(4. Am nächsten Morgen) ________________________, ils se retrouvèrent à10 heures devant la préfecture. Cliquot était au volant d'une Renault 21 blanche. L'inspecteur conduisait et Nathalie s'agrippait à la poignée comme toujours.

«N'ayez pas peur, je suis en pleine forme. J'ai très bien dormi (5. heute Nacht) ___________________.»

Il zigzagait sur l'autoroute, dépassant tantôt à droite, tantôt à gauche.
«J'espère que les autres automobilistes, eux aussi, ont passé une bonne nuit et que leurs réflexes sont excellents! Vous n'avez pas de voiture de fonction aujourd'hui?
– Non, je n'en voulais pas, mentit Cliquot. Je préfère que nous passions inaperçus.»
En fait, on n'avait pas osé lui confier une voiture deux fois de suite. La veille, lorsque Cliquot l'avait rapportée, le responsable des véhicules de police avait fait trois fois le tour de la voiture, ne pouvant croire qu'elle n'avait pas été endommagée.
«Il faut que je marque ce jour d'une croix rouge dans mon calendrier!» Ce fut son seul commentaire.
Devant eux, la circulation se faisait plus dense. Mais qu'importe! Cliquot se fraya un passage à grands coups de klaxon.
«Cette méthode ne faisait pas partie de mes leçons de code! soupira Nathalie.
– Ils n'ont qu'à se garer, ils prennent toute la route! S'ils ne savent pas conduire, ils n'ont qu'à rester chez eux!
– Je crains seulement qu'ils ne pensent la même chose de nous. Attention!!!»
Cliquot voulait se rabattre sur la voie de droite, mais il n'avait pas remarqué le camion qui roulait à même hauteur.
«Je ne l'avais pas vu, celui-là! D'où sort-il?»

*Übung 71: Setzen Sie **celui** in der richtigen Form ein! Achten Sie auf Geschlecht und Zahl!*

ÜBUNG 71 !

1. Quelle voiture prenez-vous? __________-ci ou __________-là?
2. Je n'aime pas les mauvais conducteurs, surtout __________ avec qui je dois faire de la route.

3. Il dépasse par la voie de droite, __________ qui est libre.

4. Il n'a pas vu le camion, __________ qui roulait à côté de lui.

5. Vous connaissez ces personnes, __________ dont ils parlaient dans le journal.

6. Je vais prendre un dossier, un de __________ qui se trouvent dans mon bureau.

Ils finirent quand même par arriver devant l'hôpital sans malheur. Ils étaient en avance, mais choisirent de rester à attendre dans la voiture. Ils ne voulaient pas risquer de manquer la sortie de la jeune femme.
Nathalie se demandait par quel moyen Rodica quitterait les lieux. Elle avait été amenée en ambulance, elle n'était donc pas motorisée.
«À votre avis, comment va-t-elle repartir de l'hôpital?
– Son frère pourrait venir la chercher. Ou bien l'autre là, ce Radu, le prétendu fiancé.
– Je n'y crois plus du tout, à son histoire de fiancé.
– Moi non plus.
– Ou alors, elle va prendre un taxi, supposa-t-elle. Il serait ennuyeux qu'elle prenne le bus. Ce serait difficile de la suivre sans se faire remarquer.
– C'est vrai, au fait, j'y pense! Elle a dit qu'elle avait laissé sa voiture devant l'entrée du parc. Je vais appeler les collègues pour qu'ils aillent la chercher. Maintenant qu'on connaît son nom, il ne devrait pas être difficile d'avoir le numéro d'immatriculation. Avec un peu de chance, elle aura même une plaque roumaine et, avec le RO pour Roumanie; ils la retrouveront facilement.

– À moins qu'elle n'en ait loué une le temps de son séjour en France.
– Bien entendu. Dans ce cas-là, ils retrouveront sa trace dans une agence de location.
– Est-ce qu'il ne vous faut pas une autorisation pour déplacer son véhicule?
– Je leur dirai de ne toucher à rien, de seulement la conduire au poste sous un prétexte quelconque, parce qu'elle gênait le passage par exemple. De toute façon, avec les soupçons qui pèsent sur elle, il ne sera pas difficile d'obtenir une autorisation, assura l'inspecteur.
– La voilà qui sort. Regardez! Elle hèle un taxi.»
Cliquot mit le moteur de sa Renault en route et attendit que le taxi passe devant eux. Il stationnait à un endroit très stratégique, près de la sortie du parking. Le chauffeur de taxi prit de la vitesse et tourna à droite au feu.
«Ils ne prennent pas à gauche, en direction de Viroflay!? s'écria Cliquot. Je me demande bien où ils vont.»

Übung 72: Übersetzen Sie!

1. Fahren Sie nach links!

2. An der Ampel biegen Sie rechts ab!

3. Ordnen Sie sich links ein!

4. Sie behindern den Verkehr!

5. Sie befinden sich im Halteverbot.

6. Das ist eine Einbahnstraße.

Au feu suivant, ils se placèrent sur la file de gauche. Cliquot en fit autant. Ils roulèrent ainsi sur une dizaine de kilomètres, quittèrent la banlieue, puis prirent une départementale. Il devenait de plus en plus difficile de les suivre sans se faire repérer, maintenant qu'il n'y avait pratiquement plus d'habitations. Cliquot restait à bonne distance.

Ils traversèrent un petit bois et, brusquement, plus rien: ils avaient disparu. L'inspecteur appuya sur l'accélérateur pour les rattraper, car il supposa qu'ils avaient eux-mêmes roulé plus vite. Mais non. Devant eux, la voie était complètement libre.

«Ils n'ont pas pu s'évanouir dans la nature. Est-ce que vous avez vu un chemin qui partait sur la droite ou sur la gauche? s'enquit-il auprès de son assistante.

– Le seul endroit où ils auraient pu disparaître, c'est le petit bois qu'on a passé tout à l'heure! répondit celle-ci. Sinon, je ne vois pas.

– J'y retourne!» Sur ce, Cliquot fit demi-tour en faisant crisser les pneus de la voiture, qui glissa dangereusement. Il faillit se mettre dans le fossé, mais réussit à corriger la manœuvre de justesse.

«Heureusement que nous sommes seuls sur la route pour le moment!» pensa Nathalie qui retenait son souffle et s'accrochait encore un peu plus à la poignée du plafond.

Übung 73: Wird in folgenden Aussagen eine Meinung geäußert? Markieren Sie mit richtig ✔ oder falsch –!

1. Je suis d'accord pour que tu prennes la voiture. ☐
2. Je pense qu'il vaut mieux partir. ☐
3. Je raconte ce qu'il m'a dit. ☐
4. Selon moi, ce n'est pas une bonne idée. ☐
5. Elle est venue m'aider. ☐
6. Pour ma part, je préfère qu'il s'en aille. ☐

Cliquot était hypnotisé par la route, qu'il fixait à en avoir mal aux yeux. Ils allaient atteindre le petit bois, lorsqu'il freina brusquement. Devant eux, le taxi sortait d'un chemin qui débouchait de la droite et reprit de la vitesse en direction de Versailles.

«C'est par là qu'ils sont partis. Elle est descendue de voiture, elle ne peut pas être loin! affirma Cliquot.

– Si elle a renvoyé le taxi, c'est que quelqu'un l'attendait! Elle ne va pas rester plantée ici, au milieu des arbres, sans véhicule!

– En effet. Allons voir!»

Ils avancèrent prudemment sur le chemin. Devant eux, le spectacle triste d'une usine désaffectée s'offrait à eux. Le terrain, sur lequel la nature avait repris ses droits, donnait une impression d'abandon. Des herbes folles poussaient partout sur le chemin, entre les plaques de béton. Devant les vieux bâtiments, aux vitres en partie brisées, était garée une petite voiture jaune, immatriculée en Roumanie.

Cliquot décida de laisser son propre véhicule à l'abri du bois et recula jusque derrière les buissons, pour le protéger des regards.

«Je vais voir ce qui se passe et avec qui elle a rendez-vous.

– Et moi? demanda Nathalie, qui avait deviné la réponse avant de poser la question.

– Vous, vous faites le guet. Si quelque chose ne va pas, je vous appelle sur votre portable et vous prévenez les collègues. On est bien d'accord?»

– Oui, mais soyez prudent! Ne prenez pas de risques!

– Ne vous inquiétez pas, je veux seulement m'approcher et écouter ce qu'ils disent. Je n'interviens pas tout seul, c'est promis!»

! ÜBUNG 74

Übung 74: Setzen Sie die Sätze in die negative höfliche Befehlsform!

1. Je prends des risques. *Ne prenez pas de risques!*
2. J'interviens seul. ________________
3. Je lui permets de venir. ________________
4. Je roule sans ma ceinture. ________________
5. Je change de direction. ________________
6. Je lui interdis d'y aller. ________________

Il sortit de la voiture, se mit à l'abri des buissons pour approcher sans être vu et atteignit le mur du bâtiment. Il évita la porte d'entrée et préféra faire le tour par derrière. Il longea le mur en se baissant et se laissa guider par les éclats de voix. Il s'accroupit sous une des fenêtres de l'usine et put observer l'intérieur par le trou de la vitre. Deux personnes, qu'il ne voyait pas, parlaient dans un hangar immense qui renvoyait l'écho de leurs paroles. Des chaînes rouillées pendaient du plafond et des machines devenues inutiles se dressaient un peu partout, abandonnées à leur sort, depuis que l'usine avait fermé. Brusquement, Rodica apparut dans son champ de vision.

«Pourquoi est-ce que tu m'as fait venir ici? Quelle idée! On n'aurait pas pu se retrouver à l'appartement? Je t'avais montré cette vieille usine pour que nous nous y retrouvions en cas de danger, c'est tout! Je n'ai pas l'intention d'y habiter, tu sais!» Elle rit de sa propre plaisanterie.

Cliquot ne voyait pas l'autre personnage, mais reconnut sa voix: c'était Grigore qui répondait à sa sœur. Heureusement qu'ils conversaient en français. Elle avait bien dit qu'ils maîtrisaient parfaitement les deux langues. Quelle chance!

«Mais on est en danger! Que tu peux être naïve! Ton petit séjour à l'hôpital ne t'a pas servi de leçon? Radu m'a déjà rendu visite à l'appartement et m'a menacé de son arme. Tu ne croyais tout de même pas qu'ils allaient nous laisser tranquilles! Il a promis de revenir dès ta sortie de l'hôpital. Je ne suis pas allé te chercher, car j'avais trop peur qu'il nous y attende; c'est pourquoi je t'ai demandé de prendre un taxi et de venir me rejoindre ici.»

Puis il ajouta d'une voix suppliante:

«Rends-leur le tableau, Rodica! Tu vois bien qu'ils ne plaisantent pas! S'il ne t'a pas tuée la première fois, c'est qu'il le voulait bien. C'était seulement un ultime avertissement. Il n'est pas du genre à manquer sa cible, surtout pas la deuxième fois!»

Übung 75: Setzen Sie die vorgegebenen Sätze im Présent ins Futur Simple!

ÜBUNG 75 !

1. Il n'a pas le tableau. *Il n'aura pas le tableau.*

2. Il est furieux. ____________________

3. Ils viennent à l'hôpital. ____________________

4. Il veut te tuer. ____________________

5. Tu t'assois ici. ______________________

6. Je vois bien où ça me mène. ______________________

Rodica prit son élan pour monter s'asseoir sur une des vieilles machines. Elle laissait pendre ses jambes dans le vide et balançait ses pieds. Elle refusa énergiquement les conseils de son frère:
«Non, non et non! Le juge est un sale type. Je ne lui fais pas confiance. Ils auront le tableau quand ils nous auront rendu Tatiana. Notre sœur contre le Renoir! C'était le contrat!»
«Ah, c'était donc ça, pensa Cliquot. Il y a une troisième personne en jeu: cette Tatiana! Et de quel juge s'agit-il donc? Du juge Martial?»
«Si je n'avais pas fait de la prison quand j'étais plus jeune, il ne leur serait jamais venu à l'idée de se servir de nous. Je regrette tellement, Rodica, surtout pour toi. Tu n'avais encore jamais eu à faire à la police jusqu'à présent.
– Ce n'est pas la peine de te faire de reproches. Tu as payé pour tes bêtises par le passé. Maintenant tu gagnes ta vie honnêtement… Toute cette histoire, tu n'y peux rien. Tu es une victime comme Tatiana, comme moi aussi d'ailleurs, qu'ils ont forcée à devenir complice.»
Elle passa une main dans ses cheveux et tâta prudemment son pansement. Elle fit la grimace.
«Je ne fais tout simplement pas confiance au juge, ce bandit! Rien ne l'empêche de prendre le Renoir et de nous éliminer tous les trois. Il ne viendra à l'idée de personne qu'une si haute personnalité puisse être un criminel.»
Pris d'un accès de rage soudain, Grigore se mit à faire les cent pas dans le hangar comme un fauve dans sa cage et, tapant du poing contre l'une des machines, il s'écria: «Ces types sont des voleurs, des assassins et des trafiquants d'esclaves!»

Brusquement, Cliquot ne comprit plus rien: le frère et la soeur étaient tout naturellement passés du français au roumain pour continuer leur conversation.
«Mince alors! Ils n'auraient pas pu continuer à parler en français ces deux-là! C'était trop beau!»
Il écouta encore quelques minutes, mais dut accepter l'idée qu'il n'en saurait pas plus, s'il ne se montrait pas. Comme il était difficile de prévoir la réaction du frère et de la sœur face à la police s'ils se sentaient découverts, il voulut assurer ses arrières. Il se releva de sa position accroupie, devenue très inconfortable, et sortit le portable de sa poche pour mettre Nathalie au courant de sa décision, comme il lui avait promis de le faire. Il composa le numéro et… un grand coup vint brutalement s'abattre sur sa tête, parderrière. Pour lui, ce fut le trou noir: il perdit connaissance.

Übung 76: Wird in folgenden Aussagen eine Klage erhoben? Markieren Sie mit richtig ✔ oder falsch –!

ÜBUNG 76 !

1. Quelle drôle d'idée de me faire venir ici! Tu exagères! ☐
2. Votre façon de conduire ne me satisfait pas! ☐
3. J'ai reçu un conseil que je vais suivre. ☐
4. Nous nous sommes mis d'accord. ☐
5. Je suis très mécontent de ton travail. ☐
6. Je suis insatisfait de vos résultats. ☐

Il se réveilla dans les bras d'un ange blond à lunettes, qui l'appelait doucement.
«Inspecteur… inspecteur…»
L'ange lui éventait le visage avec son béret.
«Je suis mort, pensa-t-il, puis: Je suis au paradis.»

La voix de l'ange se manifesta à nouveau:
«Inspecteur vous allez bien? Si vous le pouvez, répondez-moi!»
L'ange blond, Nathalie, tout se mêlait dans sa tête endolorie. Ça y est, il se souvenait: l'usine désaffectée, Rodica et son frère, le coup lâche donné par-derrière… Il ouvrit les yeux et ne vit tout d'abord qu'une multitude d'étoiles qui tournaient autour de sa tête…
«Ouf! Il revient à lui!» La voix de l'ange semblait soulagée.
Il se mit en position assise, se tenant la tête à deux mains et regarda autour de lui.
«Aïe, qu'est-ce qui m'est arrivé? Qui m'a frappé?
– Ça va mieux, inspecteur? Vous m'avez fait très peur. Vous étiez sans connaissance pendant un long moment.»

! ÜBUNG 77

*Übung 77: Formulieren Sie die Sätze mit **aller, être en train de** oder **venir de** jeweils + Infinitiv um! Achten Sie auf die Zeitform!*

1. Elle est arrivée sur place.

   Elle vient d'arriver sur place.

2. Il se retrouvera dans ses bras.

   ____

3. Il a été frappé par-derrière.

   ____

4. Nous réfléchissons à la question.

   ____

5. Vous appellerez la police.

   ____

6. Elle essaie de le réveiller.

Puis, répondant à sa question:
«C'est Radu qui vous a frappé, sans doute avec la crosse de son revolver qui ne le quitte jamais.
– Je ne sais pas si j'ai envie de me réveiller, dit Cliquot, se souvenant de la chaleur des bras de Nathalie qui avait semblé tellement inquiète pour lui.
– Il le faut, inspecteur. Radu a emmené Rodica et Grigore en les menaçant avec son pistolet. Je l'ai vu arriver en voiture, mais je ne pouvais rien faire, parce que je savais qu'il était armé. Il a exigé de Grigore qu'il vous lie les pieds et les mains par précaution avec un bout de ficelle, qu'ils ont trouvé sur place, expliqua-t-elle en montrant la corde dont elle avait défait le nœud. Il ne savait pas que votre portable était encore allumé et que je pouvais entendre tout ce qu'il disait, puisque vous aviez fait mon numéro juste avant d'être frappé. Il a prétendu qu'un certain juge allait être content de les revoir, puis il a forcé Grigore et Radu à monter dans sa voiture et ils sont partis.»
Elle aida Cliquot, qui avait repris ses esprits, à se relever.
«Est-ce qu'il parlait du juge Martial?»
Cliquot s'appuyait d'une main sur elle. Tout tournait autour de lui. Il avait une bosse énorme au niveau de la racine des cheveux.
«Oui, Martial est la tête d'un réseau de cambrioleurs et de trafiquants d'esclaves. Ses hommes sont des Roumains, comme Radu.
– Des esclaves? Ça existe encore?
– Oui, on appelle ça l'esclavage moderne, mais venez! Je vous raconterai cela en route. Il faut faire vite. Rodica et Grigore sont certainement en danger de mort. Il y a encore une Tatiana, leur

sœur, qui est retenue prisonnière dans la villa du juge. Est-ce que vous avez appelé les collègues de la police?

– Non, pas encore. D'abord, je ne pouvais pas utiliser mon portable sans couper la communication avec le vôtre. Ensuite, ce n'était plus nécessaire. Le danger était passé. Je n'avais qu'une idée: voir comment vous alliez… J'ai cru que vous étiez mort!»

Comme Cliquot ne se sentait pas en forme pour conduire, c'est Nathalie qui prit le volant, tandis que lui se renseignait auprès du poste central de police de Versailles pour connaître l'adresse du juge et pour qu'on y envoie deux policiers en renfort. Il leur conseilla encore de ne pas utiliser le gyrophare et la sirène pour ne pas attirer l'attention des criminels en arrivant. Les deux voitures atteignirent simultanément le point de rendez-vous devant le portail de ladite villa.

ÜBUNG 78 !

Übung 78: Sie haben eine falsche Nummer gewählt. Was tun Sie? Markieren Sie mit richtig ✔ oder falsch –!

1. Vous recomposez le numéro en faisant plus attention. ☐
2. Vous vérifiez le numéro dans l'annuaire. ☐
3. Vous raccrochez brusquement au nez de la personne. ☐
4. Vous priez la personne au bout du fil de vous excuser. ☐
5. Vous refaites le même numéro un peu plus tard. ☐

Deux véhicules étaient parquées devant l'escalier de l'entrée. L'une d'elle, une grosse Mercedes noire, devait être celle du juge. L'autre appartenait sans aucun doute à Radu. Cliquot et Nathalie s'attendaient à voir des hommes au service du juge monter la garde; mais non, il n'y avait personne. Ils gravirent les marches et s'étonnèrent que la porte d'entrée ne soit pas fermée à clé.

«Ils doivent se sentir en sécurité, ils n'ont pris aucune précaution, souffla Cliquot à Nathalie et aux deux policiers qui les suivaient.
– Radu pense que vous attendez bien tranquillement, toujours ligoté à l'usine, murmura Nathalie. Je ne crois pas qu'il se soit rendu compte que nous étions deux dans la voiture.
– Ça m'étonnerait qu'il ne l'ait pas remarqué. Je pense que ça ne l'intéressait pas. Il faut qu'il soit extrêmement sûr de lui pour tirer sur Rodica en pleine foule. De plus, nous avons un avantage majeur sur lui. Il ne sait pas que nous avons surpris sa conversation: moi à l'appartement de Viroflay, vous à l'aide de mon portable, murmura Cliquot en retour.
– Il ignore que nous sommes au courant des méfaits du juge. Il ne s'attend pas à nous voir ici.»

Übung 79: Welches Wort ist das „schwarze Schaf"?

ÜBUNG 79 !

1. fabrique, entreprise, magasin, firme
2. se rendre compte, écouter, remarquer, observer
3. un attroupement, une foule, du monde, un gardien, un groupe
4. être au courant, ignorer, savoir, connaître, être informé
5. rez-de-chaussée, cave, grenier, salon, premier étage
6. réconforter, maltraiter, battre, taper, blesser

Ils avancèrent prudemment dans le hall de l'entrée. Dans le fond du couloir, la porte en chêne était entrouverte. Ils se dirigèrent vers elle en file indienne, prenant garde de ne pas faire de bruit. Tout le groupe était là et discutait à vive voix: Radu, Rodica, Grigore et une quatrième personne, un homme d'une cinquantaine d'années, très élégant, qui ne pouvait être que le juge Martial.
«Ce doit être son bureau. Essayons d'écouter ce qu'ils disent.»

Cliquot s'accroupit le long du mur à droite de la porte et fit signe aux autres de suivre son exemple. Ils obéirent en retenant leur souffle pour mieux entendre ce qui se disait à l'intérieur. Cliquot apercevait les personnes réunies dans la pièce par la fente de la porte. La pièce était richement meublée: une grande table de travail, deux fauteuils en cuir, des objets de valeur et des tableaux de maître accrochés au mur. Un magnifique tapis persan recouvrait le sol.

! ÜBUNG 80

Übung 80: Setzen Sie die folgenden Wörter richtig ein!
(où, qui (2x), que, dont, Qui, comme s', ce qu')

La voix de Radu s'éleva.

«Patron, c'est la femme (1.) _____ a le tableau. Mais elle est têtue comme une mule, elle ne veut pas nous dire (2.) ____ il se trouve.»

Rodica (3.), ________ la voix vibrait de haine, cria: «Le tableau en échange de Tatiana! Où est notre sœur?»

Radu la secoua brutalement:

«Parle ou je te colle une balle dans la tête! Où as-tu caché le tableau?»

Grigore se précipita au secours de sa sœur:

«Laisse-là ou je te...», mais Radu lui envoya un violent coup de poing dans l'estomac (4.), _________ l'arrêta net. Il s'écroula sur place en se tenant le ventre. Rodica se précipita vers lui pour le soutenir.

«Vous êtes des sales voyous…»

Le juge se mêla alors à la conversation sur un ton froid et neutre:

«Ce n'est pas raisonnable, mademoiselle. Vous n'avez pas les meilleures cartes à (5.) _________ il me semble.»

Il parlait d'une façon exagérément calme (6.) _________ il jugeait une affaire au palais de justice.

«Vous connaissez le contrat. Vous volez le tableau pour mon compte et je vous rends Tatiana.»

Rodica tenait bon:

«Et moi, je ne vous fais pas confiance! (7.) _________ me dit que vous ne vous débarrasserez pas de nous trois, une fois le tableau entre vos mains. Vous encaissez la prime d'assurance et le Renoir vous appartient toujours. Et nous, nous devenons des témoins gênants (8.) _________ vous voudrez éliminer.»

Le ton du juge devint glacial:
«Tu es trop clairvoyante ma petite! Tu me fais perdre mon temps. Ça suffit comme ça!»
Puis. se tournant vers Radu:
«Va chercher Tatiana. Il faut qu'on en finisse!»
Radu ouvrit une porte au fond de la pièce, qui donnait sur une espèce de grande réserve, un immense placard sans fenêtre et sans lumière du jour. On y rangeait des dossiers et du matériel de bureau en temps normal. Pour le moment, elle servait de prison. Il en

ressortit, tirant derrière lui une femme en sanglots, aux cheveux défaits, pâle et amaigrie à faire peur, dont les poignets étaient attachés. Mis à part son état lamentable, elle était la réplique exacte de sa sœur, aussi belle mais beaucoup plus jeune. Radu la poussa devant lui sans ménagement. Elle perdit l'équilibre et tomba sur le sol, sans force.

Rodica voulut se précipiter vers elle:

«Tatiana!!!», mais il fut aussitôt arrêté par le juge, qui la rejeta brutalement dans un des fauteuils de cuir.

«Qu'est-ce que vous lui avez fait? Espèces de sales criminels, je vais vous dénoncer à la police!»

Le juge partit dans un grand éclat de rire:

«Ma petite, tu es très mal placée. Pense un peu à Grigore. Ce gentil petit cambrioleur retournerait bien vite en prison et pour longtemps, si moi, je le dénonçais. Je dirais tout simplement qu'il m'a contacté pour obtenir une rançon pour le Renoir.»

Puis, se tournant vers Grigore:

«Au fait, chapeau! Un vrai coup de maître! Personne n'a remarqué quoi que ce soit, même pas les caméras! Tu as bien mérité ta réputation de gentleman cambrioleur.»

Grigore, fou de rage, voulut se précipiter sur lui, mais Radu le renvoya au sol.

ÜBUNG 81

Übung 81: Sind die Sätze grammatikalisch richtig? Markieren Sie mit richtig ✔ oder falsch –!

1. Si je parlerais à la police, Grigore irait en prison. ☐
2. La police l'arrêtera si je le dénonce. ☐
3. Elle a préféré de garder le tableau. ☐
4. La pauvre Tatiana est amaigrie. ☐

5. Le juge est un peu sympathique homme. ☐
6. Les hommes comme Radu sont toujours brutals. ☐

«Et puis, qui croirait deux voleurs et une prostituée? continua le juge. Personne ne mettra ma parole de juge en doute quand je raconterai que vous vouliez vous venger, parce que je n'ai pas succombé au charme de Tatiana, qui se faisait des idées à mon sujet.»
Radu avait entraîné la jeune femme au milieu de la pièce. Ils tournaient le dos au petit groupe de policiers témoins de la scène.
«Alors, ce tableau? Tu vas nous révéler où tu l'as caché ...» hurlait-il en gesticulant avec son revolver pointé vers la tempe de Tatiana.
Rodica, s'apercevant que le danger devenait imminent pour sa sœur, ouvrit la bouche pour parler. C'est l'instant précis que choisit Cliquot pour intervenir. Il repoussa la porte d'un large geste, très théâtral, et fit une entrée remarquée, sans arme mais héroïque.
«On ne menace pas des dames avec un revolver en présence de Cliquot!» cria-t-il et se précipita dans la pièce en faisant deux grands pas, se prit les pieds dans le tapis persan qui couvrait le sol et s'abattit comme un arbre sur Radu. Sous le choc, celui-ci perdit le contrôle de son arme. Une balle en partit et atteignit le juge à la cuisse. Celui-ci s'écroula dans un cri de douleur. Les deux brigands ne réalisaient pas ce qu'il venait de leur arriver. Une tornade leur était passée dessus. Les deux policiers qui accompagnaient Cliquot et son assistante n'eurent plus qu'à les cueillir et à les menotter.

Übung 82: Unterstreichen Sie die fünf nicht dazugehörigen Sätze!

Rodica, Tatiana et Grigore restèrent immobiles, cloués de stupeur, réalisant peu à peu que leur malheur était enfin terminé. La cigale avait chanté tout l'été.

Les policiers emmenèrent les deux hommes qui vociféraient et se débattaient comme des diables.
Le juge cria à l'inspecteur en passant:
«Vous pouvez dire adieu à votre carrière. J'ai des amis haut placés! Vous aurez affaire à mon avocat…»
Cliquot ne réagit pas. L'insecte n'avait pas travaillé. Sans même regarder le juge et son complice, il lança:
«Emmenez-moi cette racaille. En hiver, l'animal n'avait rien à manger. Passer quelques temps à l'ombre leur fera le plus grand bien!» Sa voisine la fourmi avait été très courageuse.
Entre-temps, Rodica avait libéré sa sœur, qui ne disait absolument rien, tellement elle était choquée. Elle ne faisait que sangloter. Elle n'était pas majeure avec ses dix-sept ans, mais avait cru, malgré les avertissements de sa sœur, au rêve du prince charmant qui l'emmènerait à Paris dans son beau carrosse. La fourmi avait refusé de lui donner à manger. Ce rêve avait tourné au cauchemar. Elle avait été maltraitée et ils avaient essayé de la forcer à se prostituer.

Cliquot posa une question à Rodica, dont la réponse l'intéressait vivement.
«Comment avez-vous appris ce qui était arrivé à votre sœur? Je suppose qu'il lui était interdit de téléphoner.»
Rodica expliqua:
«Tatiana m'a fait parvenir un appel au secours, un petit billet qu'elle avait glissé en cachette à un touriste roumain de passage à Versailles. Alors, j'ai compris qu'elle était dans une situation grave. Je suis venue en France sous prétexte de faire des études et, en fait, je l'ai cherchée partout. J'ai fini par retrouver sa trace, car je savais que Martial l'avait attirée en jouant le jeu du grand amour et en lui promettant une vie mondaine. Vous savez, beaucoup de jeunes Roumaines rêvent de venir à Paris. Tatiana a cru que sa

beauté lui ouvrirait toutes les portes. Finalement, cette crapule voulait en faire une prostituée de luxe, ce qu'elle n'a pas accepté. Alors, il l'a obligée à travailler comme esclave domestique, sans être payée et sans aucun droit; il voulait briser sa volonté et sa fierté pour la punir de lui avoir résisté. Il la détenait enfermée jour et nuit dans sa villa.»

Elle serrait sa sœur, qui sanglotait doucement, dans ses bras pour la réconforter.

«Chut… C'est fini. Ne pleure plus, tu es en sécurité maintenant.»

*Übung 83: Setzen Sie **si** oder **quand** richtig ein!*

ÜBUNG 83 !

1. __________ tu verras cet homme, tu le reconnaîtras.
2. __________ j'avais plus de courage, je lui dirais ce que je pense.
3. ________ elle n'avait pas retrouvé sa sœur, celle-ci serait morte.
4. On ne serait pas venus __________ on avait su.
5. __________ le prince charmant est arrivé, Tatiana l'a suivi.
6. __________ il viendra, tu lui diras de m'appeler.

Puis elle continua:

«J'ai d'abord essayé seule de la faire libérer. Je suis allée trouver Martial, mais il m'a ri au nez et m'a bel et bien fait jeter dehors, en me menaçant de me faire subir le même sort qu'à ma sœur, si j'insistais. Je me suis vite aperçue que ces types étaient très dangereux et sans aucune morale. C'est pourquoi j'ai appelé mon frère Grigore au secours.»

Nathalie s'étonnait d'apprendre qu'elle avait tant attendu pour mettre son frère au courant de la situation et elle le lui dit.

«Je ne l'ai pas fait avant, parce que je craignais qu'avec son passé, il ne soit trop en danger lui-même.»
Grigore prit alors la parole:
«Dès que j'ai su ça, j'ai pris des congés et je suis venu rejoindre Rodica à Viroflay. Nous nous sommes présentés ensemble à la villa du juge. En vain. Il n'a pas cédé, au contraire, il nous a menacés. Mais le malheur a voulu que quelques gars de la bande du juge, des Roumains, me voient et me reconnaissent. Ils savaient que j'avais fait de la prison – une erreur de jeunesse – et ils connaissaient ma réputation de gentleman cambrioleur, rapide et efficace. Ça a donné l'idée au juge d'échanger le vol de son tableau à la Salle des Ventes contre Tatiana.»
Rodica murmura:
«Vous vous rendez compte! Il a dit qu'il faisait une affaire, que Tatiana ne valait plus rien! On ne parle pas comme ça d'un être humain, quand même!»

ÜBUNG 84 !

Übung 84: Übersetzen Sie ins Deutsche!

1. Je lui donne des conseils, mais il n'en tient pas compte.

___

2. Tu te rends compte! Il a dit oui!

___

3. Il devra rendre compte de ses actes.

___

4. Il n'a plus d'argent sur son compte.

___

Cliquot résuma:
«Il voulait empocher la prime de l'assurance et garder le Renoir en sa possession. Le vol d'œuvres d'art est ou était-il sa spécialité?
– Il ne fait pas que ça, assura Rodica. Je me suis renseignée sur lui. Il est à la tête de tout un réseau, principalement des Roumains. Vol, drogue, prostitution, il n'y a rien qu'il ne fasse pas. Tout ce qui rapporte de l'argent illégalement, il le fait. Il achète même des filles mineures à leurs parents dans les pays pauvres, pour les revendre comme prostituées ou esclaves domestiques à de riches familles en Europe, à des diplomates par exemple. C'est de l'esclavage moderne.»
Elle caressait les cheveux de sa sœur, qui avait cessé de pleurer mais qui ne disait toujours pas un mot.
Nathalie se demanda combien de temps il faudrait à la jeune fille pour sortir de son mutisme. Elle resterait sans doute marquée à vie par cette expérience.
Rodica conclut tristement:
«J'avais dit à Tatiana de se méfier, mais elle n'en fait toujours qu'à sa tête. Une esclave de nos jours: on en entend parler, mais c'est loin de nous. Ça ne nous concerne pas personnellement, jusqu'au jour où on connaît quelqu'un qui s'est fait prendre au piège.»
La voix de Rodica était pleine de tristesse.

Übung 85: Setzen Sie die Verben in Klammern ins Passé composé!

«Et le tableau, (1. demanda) ________________ brusquement Nathalie. Vous l'avez caché où?»
Sans hésitation, la femme (2. répondit) ________________:
«Il est enroulé dans une couverture dans le coffre de ma voiture.»

Cliquot (3. affirma) ____________________: «Dans ce cas, il ne risque rien. Les collègues ont ramené la voiture.»

Rodica (4. se tourna) ____________________ vers l'inspecteur et (5. dit) ____________________:

«Excusez-moi de vous avoir menti à propos de Radu, inspecteur. Il n'est évidemment pas mon fiancé. Mais je craignais pour la vie de ma sœur.

– Oui, cela ne fait rien. De toute façon, nous avions des doutes depuis le début.» (6. reconnut) ____________________ l'inspecteur.

Paris, 16 heures. Nathalie et Cliquot étaient assis dans l'antichambre du bureau du préfet. Ils avaient été convoqués tous les deux. Ils parlaient à mi-voix sous les regards de la secrétaire énervée par leur présence.

«Pourquoi est-ce qu'il veut nous parler à tous les deux?», demanda Nathalie un peu inquiète. Elle avait un grand respect pour les autorités et pour ses supérieurs.

«Cela ne lui suffit pas que vous lui fassiez votre rapport tout seul?

– Mais je n'étais pas seul dans cette enquête et il est normal que vous partagiez avec moi les fruits de la réussite, répondit l'inspecteur, prêt à partager généreusement avec son assistante. Vous ne vous rendez pas compte mais, avec Martial, c'est tout le réseau qui est tombé. Les policiers ont fait des descentes éclair dans tous les coins de la ville, avant que la nouvelle de son arrestation ne se propage. Ils ont trouvé partout des preuves flagrantes contre ces bandits: des femmes prisonnières dans des villas des alentours, de la drogue, des objets volés. Il y a eu une trentaine d'arrestations.

– Oui, mais quand même. Vous êtes sûr que monsieur le Préfet va apprécier la mise en cause du juge. Vous vous souvenez que ce dernier a crié qu'il détruirait votre carrière?

– Ne vous en faites pas! Moi aussi, j'ai des amis haut placés. Et ceux-ci sont très satisfaits de mes résultats. Le préfet ne peut pas s'y opposer, même s'il n'apprécie pas personnellement mes méthodes.»

Ils entendirent le grésillement de l'interphone.

«Monsieur le Préfet vous attend», annonça sèchement la secrétaire.

Ils entrèrent.

«Prenez place.»

La voix du préfet était doucereuse, difficile de savoir si c'était un bon ou un mauvais présage. Nathalie se sentit toute petite dans le grand fauteuil. Cliquot se redressa de toute sa taille, fier de lui. Cette fois-ci, le préfet ne pouvait prodiguer que des louanges à son égard. Il avait sauvé la France d'un juge véreux! Où irions-nous, si même les juges n'étaient plus dignes de confiance. Où irait la France?

Übung 86: Setzen Sie die Ausdrücke mit ***même*** *richtig ein!*
(les mêmes, aujourd'hui même, la même chose, moi-même, même si, pour la même raison)

1. J'ai fait ce gâteau ____________________.

2. N'attends pas demain, fais le travail ________________.

3. J'irai au concert ________________ tu ne m'accompagnes pas!

4. Un dessert et un désert, ce n'est pas ____________________.

5. Il n'est pas venu ____________________ que moi. Il déteste!

6. Ces femmes, ce sont bien toutes ______________________!

Le préfet s'éclaircit la voix.
«Hum… À vrai dire, inspecteur, je ne sais que dire. On vous envoie en mission pour élucider une histoire d'amour toute simple et…»
Cliquot se permit de l'interrompre:
«Si vous permettez, monsieur le Préfet, c'était loin de n'être qu'une simple histoire d'amour…»
Le préfet l'arrêta d'un geste de la main.
«Je disais donc, une simple histoire d'amour qui aurait mal tourné, et vous…» Il fit une pause. «Vous, vous en prenez au juge Martial de Versailles. Ça ne vous a pas suffi de me mettre dans une position impossible envers le préfet des Yvelines en plaquant son neveu au sol? Vous voulez donc vous en prendre à toute la haute société de Versailles?» La voix s'était élevée d'un ton.
Cliquot répondit avec l'assurance du policier incorruptible qu'il était:
«S'ils ont des activités criminelles, oui! Ils auront affaire à moi!»
Le préfet se tourna vers Nathalie en soupirant.
«Et vous, mademoiselle Claudel, j'espérais que vous auriez une influence bénéfique sur l'inspecteur Cliquot. J'espérais que vous le freineriez un peu!»
Il n'attendit pas la réponse. Il se laissa retomber dans son fauteuil derrière son bureau et, d'un air las, il ajouta:
«Et le pire, c'est qu'on m'a ordonné – je dis bien: ordonné! – de vous féliciter pour votre réussite spectaculaire.»
La chose lui coûtait énormément et c'est sans conviction, comme une leçon apprise par cœur, qu'il récita:
«Recevez donc, tous les deux, mes meilleurs compliments, au nom du gouvernement français, pour votre réussite et pour votre courage.»
Ouf! Il l'avait dit. Quelle torture! Le préfet s'essuya le front avec un grand mouchoir à carreaux.

Übung 87: Unterstreichen Sie die richtige Alternative!

Le visage de Nathalie s'était (1.) détendu/déprimé. Elle rougissait maintenant de plaisir; quant à Cliquot, qui n'avait pas (2.) roulé/douté un seul instant de l'issue de cet (3.) discours/entretien, il s'était mis au garde-à-vous pour recevoir ces (4.) honneurs/horreurs. Il se rassit.

Donnant (5.) la pression/l'impression de passer enfin à des choses plus importantes, le préfet les questionna sur cette (6.) histoire/récit d'esclavage moderne dont le rapport faisait état.

«Ces pauvres femmes sont achetées à bas prix à leur famille ou à des marchands, pour être revendues à prix (7.) fort/gros à des familles européennes aisées. Ils les traitent comme des chiens. Elles sont (8.) nécessaires/obligées de travailler clandestinement comme employées de maison dans des conditions affreuses, sans aucun droit, sans argent et sans repos.»

Le préfet avait déjà entendu parler de ce genre de criminalité.

«En effet. La prostitution fait souvent partie de leurs obligations. J'ai entendu dire que leurs maîtres étaient en général des gens de la haute société, des personnes qu'on croirait insoupçonnables mais qui sont en fait des gens sans aucun scrupule.»

«Comme le juge Martial, approuva Nathalie. Entre autres activités criminelles, le juge s'occupait d'un tel réseau d'esclavage.»

«Et pour le vol du tableau? Je ne vois toujours pas le rapport.» reconnut le préfet.

«Le rapport était indirect, reprit Cliquot. Le juge faisait semblant de mettre son tableau en vente. Il avait étudié les faiblesses du système de sécurité de la maison des ventes et il en a tiré profit. Il s'arrangeait pour que le tableau soit dérobé. L'assurance payait les 200 000 euros et il gardait son bien.

– Pourquoi a-t-on tiré sur cette Roumaine, alors? Elle était pourtant complice.
– Grigore et Rodica sont des victimes, tout comme leur sœur Tatiana, que le juge retenait comme esclave. C'est pour essayer de la faire libérer qu'ils ont accepté de voler le tableau.»
Nathalie intervint à nouveau:
«Le juge a sous-estimé le courage et l'intelligence de Rodica qui se méfiait de lui. Elle a préféré garder le tableau en attendant d'être sûre de revoir sa sœur. Si elle n'avait pas agi ainsi, ils seraient sans doute tous morts à l'heure actuelle.»

ÜBUNG 88

Übung 88: Welches Wort ist das „schwarze Schaf"?

1. sembler, devenir, avoir l'air, paraître
2. bleu, blanc, jaune, roux
3. malade, médecin, infirmier, docteur
4. comprennes, sachions, allons, vienne, entendes
5. avons, ira, vais, aille, vont
6. sous, sur, avant, derrière, dans

Le préfet conclut:
«Hum… Cette histoire est bien compliquée, je trouve. Qu'est-ce qui vous a mis sur la voie?»
«Internet» dirent Nathalie et Cliquot d'une seule voix, en se regardant comme deux complices et en pouffant de rire.
Le préfet regarda tantôt l'un, tantôt l'autre d'un air sceptique, pensant qu'ils n'étaient vraiment pas sérieux, que cela ne pouvait mener à rien de bon. Alors, il les congédia, non sans ajouter à l'intention de Cliquot:
«Il est vrai que vous nous avez fourni des résultats cette fois-ci

encore, mais j'aimerais autant que vos méthodes soient un peu moins spectaculaires à l'avenir. Nous nous sommes bien compris?»
Cliquot fit oui de la tête et les deux partenaires sortirent respectueusement. Mais à peine la porte refermée derrière eux, le fou rire les reprit.
La secrétaire, outrée de ce manque de respect, les fixait par-dessus ses lunettes d'un air de reproche. Ils ne la virent même pas, trop contents de pouvoir savourer leur nouvelle victoire.

Übung 89: Lesen Sie die Definition und unterstreichen Sie das passende Wort im Text!

ÜBUNG 89 !

1. Elle comprend sept jours.
2. Elles volent et elles piquent.
3. On y trouve de nombreux dossiers.
4. Le plus beau jour de la semaine, jour de repos.
5. Elle est mauvaise quand on se lève du pied gauche.
6. Elles sont pleines d'eau.

Le reste de la semaine s'était écoulé sans grands événements notoires. Nathalie avait repris ses activités aux archives. Elle avait fait un compte rendu détaillé de son aventure policière à ses collègues et au concierge tout en buvant le traditionnel café avec lui. Cliquot avait retrouvé son béret basque et le train-train quotidien de ses petites enquêtes sans intérêt. Ils marchaient côte à côte dans le parc de Versailles, profitant du splendide dimanche ensoleillé.
«Vous les verrez quand même vos fontaines musicales, déclara Cliquot.
– Oui, mais le pique-nique!?
– Ah, ne me parlez plus jamais de pique-nique! Je n'aime pas

partager mon repas avec les fourmis et les guêpes. Elles sont très mal élevées: elles se servent dans mon assiette sans demander! plaisanta l'inspecteur qui était de bonne humeur tant qu'on ne lui demandait pas de manger sur l'herbe.

– Ce que je n'ai pas compris, dit Nathalie, c'est comment Radu a su nous trouver à l'usine désaffectée.
– Je le lui ai demandé pendant l'interrogatoire qui a suivi. Il a tout simplement eu la même idée que nous. Il attendait Rodica à la sortie de l'hôpital. Il voulait la suivre, espérant qu'elle le mènerait au Renoir. Mais il nous a vus qui l'attendions aussi. Alors, il s'est mis à nous filer de très loin pour éviter que nous le remarquions. Nous roulions en file indienne et nous ne le savions pas. Brusquement, le taxi lui est arrivé en sens inverse et il a compris que Rodica ne pouvait pas être loin. Comme il connaît le coin, il en a tout de suite déduit qu'elle était allée à l'usine. C'était le seul endroit des environs qui convenait pour un rendez-vous secret.
– Je ne sais toujours pas s'il m'a vue, dit Nathalie.
– Il savait que nous étions deux, mais il n'a pas vu la voiture dans les buissons et il n'a pas pris le temps de la chercher. C'était encore une erreur de sa part. C'est une chance que vous soyez restée cachée, sinon il vous aurait peut-être emmenée vous aussi et il n'y aurait eu personne pour me libérer. Je vous dois une fière chandelle, car vous avez sauvé la situation.»
Puis, Cliquot eut subitement une idée:
«Je ne vous ai pas encore remerciée! Permettez que je le fasse ici même.» Il se planta devant elle en chevalier servant avec un genou à terre, la salua d'un baisemain du plus grand comique.
Nathalie regarda autour d'elle d'un air gêné. Ils étaient sur la terrasse du parterre d'eau près du château, et il y avait beaucoup de monde. Bizarrement, personne ne faisait attention à eux, à son

grand soulagement. Un grand nombre de touristes de toutes les nationalités s'exclamaient, photographiaient, s'émerveillaient ou cherchaient un peu d'ombre sur les pelouses, le long des bosquets. Tout le monde attendait le début du spectacle des fontaines musicales. Des statues antiques observaient toute cette agitation d'un œil patient, comme elles le faisaient depuis des siècles. Les costumes avaient changé, mais les humains étaient toujours aussi fous, semblaient-elles penser.

Übung 90: Ordnen Sie die Buchstaben zu sinnvollen Wörtern!

1. ooAplln ______________________
2. rgdreae ______________________
3. sle ______________________
4. hminusa ______________________
5. dpseiu ______________________
6. eds ______________________
7. sclsièe ______________________

«Inspecteur, je sais que nous sommes au château de Versailles et qu'ici les galanteries étaient à l'ordre du jour, mais c'était autrefois, du temps des rois et des jolies marquises en robes de dentelles et aux hautes coiffures! Ni vous ni moi ne sommes assez aristocratiques pour nous comporter ainsi. Nous allons nous faire remarquer! lui dit-elle en riant.
– Un peu plus, un peu moins! Qu'à cela ne tienne! En tout cas, je vous suis reconnaissant et je veux qu'on le sache. Sans vous, je ne

sais pas ce que je serais devenu!» déclara-t-il en se relevant et en secouant la poussière de son pantalon. Il remit son béret bien droit sur sa tête.

Nathalie changea rapidement de sujet.

«Qu'est-ce qu'ils vont devenir les Bandiana? Ils n'étaient pas vraiment responsables de la situation.

– Je pense qu'un bon avocat réussira à les faire libérer rapidement. L'état de Tatiana est un argument en leur faveur. Le tableau a été retrouvé dans la voiture de Rodica, sans dommage. De toute façon, le propriétaire lui-même était coupable. De ce côté-là, ils ne craignent rien. Et le directeur de la Salle des Ventes Louis XVI a renoncé à porter plainte pour l'effraction de la vitrine, lorsqu'il a entendu l'histoire de la pauvre Tatiana. Au contraire, il leur a même proposé son soutien tant qu'ils sont obligés de rester à la disposition de la justice française.

– Je savais bien que c'était un homme d'honneur. Je l'ai tout de suite ressenti.» murmura Nathalie un peu rêveuse.

Elle pouvait toujours répondre à son invitation. Elle y réfléchirait.

Cliquot réagit un peu brusquement.

«Bon! Ce n'est pas la peine de chanter ainsi ses louanges.»

Son souvenir d'Anatole Duvallon n'était pas aussi bon que celui qu'en gardait Nathalie.

«Moi, je l'ai trouvé hautain!»

ÜBUNG 91 !

Übung 91: Setzen Sie die Adjektive in der richtigen Form ein! Achten Sie auf Geschlecht und Zahl!

(mûr, moral, diplomatique, considéré, reposant, dernier)

1. Nous passons des vacances ____________, sans aucun stress.
2. Ses réponses ne sont pas toujours très ____________.

3. Je l'ai vu la semaine ____________.

4. C'est une femme d'âge _________, elle a passé la cinquantaine.

5. Ce sont des hommes politiques très ______________.

6. Elle est très jolie, mais ses qualités ____________ sont encore plus grandes.

Ils descendaient à présent l'allée du Petit Jardin à la française – de renommée mondiale – entre le château et le Grand Canal. «Et elle, la pauvre fille? Tatiana. Est-ce qu'elle s'est remise à parler?

– Non, pas encore. Le choc est trop profond. Nous l'avons placée entre les mains d'une psychologue spécialisée dans les cas de maltraitance de mineures. Elle est bien, dans une maison de repos. C'est pourquoi il faut aussi que son frère et sa sœur soient rapidement remis en liberté. Il n'y a rien de mieux que la famille pour aider à surmonter les mauvais passages de la vie.»

Il était quinze heures. La mise en eau venait juste de commencer. De la musique baroque accompagnait à présent leur promenade Nathalie s'était procuré un plan du parc dans l'espoir de voir le plus de fontaines possible. Elle le tenait droit devant elle et essayait de se repérer.

«Je ne voudrais surtout pas manquer La Salle du Bal. On m'a raconté qu'elle est très romantique, avec l'eau qui glisse sur les rocailles et les vases splendides qui s'y trouvent.

– C'est tout simple.» dit Cliquot en lui prenant le plan des mains. Puis, le retournant dans tous les sens, il trancha:

«Il faut aller à droite!» Et il s'élança de son pas militaire que Nathalie avait de la peine à suivre.

«Inspecteur, pas si vite! Nous ne faisons pas la course!»

Cliquot ralentit.

«Est-ce que vous êtes sûr que c'est la bonne direction? J'avais cru comprendre, en lisant le plan, que c'était sur la gauche.
– Mais non, mais non. Faites-moi confiance. Je sais lire un plan, croyez-moi!
– Regardez, nous arrivons dans le bosquet des Bains d'Apollon. Nous sommes du mauvais côté.
– Mais non, je suis certain que c'est par là. Regardez, tous les touristes prennent ce chemin. Nous n'avons qu'à les suivre!»

ÜBUNG 92 !

Übung 92: Bilden Sie das Adjektiv zum vorgegebenen Nomen und gleichen Sie an!

1. le touriste	un endroit ____________
2. le monde	une renommée ____________
3. le plan	La semaine est ____________.
4. la maltraitance	Les enfants sont ____________.
5. l'honneur	un homme ____________
6. la liberté	Tous les hommes sont ____________.
7. la musique	les fontaines ____________

Nathalie décida de ne plus discuter et de se laisser porter par le spectacle. Elle suivit ainsi l'inspecteur du bosquet du Dauphin au Tapis Vert, du bosquet des Dômes au Bassin du Miroir et vit bien d'autres fontaines.
Finalement, Cliquot dut reconnaître son incapacité à conduire son assistante à sa fontaine préférée et il lui remit la carte.
«Tenez, je crois que, depuis le début, c'est vous qui aviez raison.»

Elle la tourna pour reconstituer le chemin qu'ils avaient déjà parcouru.
«Nous sommes là, dit-elle en pointant son index sur un point dénommé «Bassin et Parterre de Latone». Vous voyez: nous ne sommes pas loin. C'est le bosquet suivant.»
Elle regarda sa montre. Ils marchaient depuis une heure. Elle commençait à avoir mal aux pieds.
«Et nous aurons même le temps de nous y reposer avant de retraverser le parc dans la largeur jusqu'au Bassin de Neptune, pour le grand final à 17 heures. Il se trouve à la même hauteur, mais de l'autre côté, ajouta-t-elle toute joyeuse. Comme ça, nous aurons fait le tour de toutes les fontaines.»

Übung 93: Was bedeuten diese Redewendungen? Kreuzen Sie die richtige Erklärung an!

1. être comme un éléphant dans un magasin de porcelaine
a) ☐ être très maladroit
b) ☐ être brutal
c) ☐ être trop lourd

2. mettre de l'eau dans son vin
a) ☐ ne plus boire d'alcool
b) ☐ être conciliant
c) ☐ ne pas être connaisseur en vins de qualité

3. Quand on parle du loup, on en voit la queue.
a) ☐ dire du mal de quelqu'un
b) ☐ penser à quelqu'un en particulier
c) ☐ Il suffit de parler de quelqu'un pour qu'il arrive.

4. C'est une poule mouillée.

a) ☐ Il est très peureux.

b) ☐ Il est tombé à l'eau.

c) ☐ Il est trop faible pour ce travail.

Ils arrivèrent dans un bosquet en forme d'amphithéâtre romain avec des gradins d'herbe et de rocaille, ornés de rampes de marbre rose. Les eaux des cascades glissaient sur des pierres et des coquillages.

«Vous voyez, je vous y ai conduit presque directement! déclara Cliquot avec un sourire royal, comme s'il lui offrait la fontaine en cadeau.

– Oui, presque.»

Nathalie préférait être conciliante.

Ils s'assirent sur les gradins et se laissèrent charmer par le son de la cascade.

«Quelle belle fin de journée, soupira-t-elle. J'aimerais qu'elle ne finisse jamais.

– Et moi, j'espère que nous vivrons encore beaucoup d'aventures ensemble, ajouta Cliquot en la regardant de côté.

– Des aventures policières, évidemment, fit la jeune femme et sourit.

– Évidemment.»

FIN

Abschlusstest

Übung 1: Übersetzen Sie die Zeitangaben!

1. Bis morgen! ______________________________

2. sonntags ______________________________

3. heute Abend ______________________________

4. am letzten Sonntag ______________________________

5. nächstes Wochenende ______________________________

Übung 2: Schreiben Sie das Gegenteil der Sätze!

1. Elle semblait s'intéresser à lui.

   Elle ne semblait pas s'intéresser à lui.

2. Il aime l'air frais, les insectes et le vent.

   ____

3. Il roule toujours en cabriolet.

   ____

4. Quelqu'un l'attendait dans la voiture.

   ____

5. Tout lui fait peur.

   ____

6. Son assistante est déjà arrivée.

   ____

*Übung 3: Übersetzen Sie die Sätze mit **amuser de** + Infinitiv!*

1. Es macht euch Spaß, ihn zu ärgern.

   Cela vous amuse de l'embêter.

2. Es wird dir keinen Spaß machen, mit uns zu kommen!

   ____

3. Es macht ihnen Spaß, euch zuzuhören.

   ____

4. Es macht ihm keinen Spaß, sie zu begleiten.

   ____

5. Es macht ihr Spaß, mit ihm zu arbeiten.

   ____

*Übung 4: Setzen Sie **faire faire** und **laisser faire** richtig ein! Achten Sie auf die Verbform!*

1. Cliquot ne peut pas arrêter le cheval, qui lui ______________ tout ce qu'il veut.

2. Il aimerait lui ______________ demi-tour, mais en vain.

3. Si le cheval avait commencé à brouter le gazon, il l' ______________ pourvu qu'il s'arrête de courir.

4. Ne l'empêche pas de boire dans la fontaine, il a soif, ______________ – le donc ______________!

5. L'inspecteur ne s'attendait pas à cet arrêt brutal, le cheval lui

______________________ un vol plané dans l'eau.

Übung 5: Welche Erlaubnis braucht man in folgenden Situationen? ***(permis de conduire, permis bateau, permis de séjour, permis de pêche, permis de construire)***

1. Vous voulez faire bâtir.

____

2. Vous voulez attraper du poisson.

____

3. Vous voulez demeurer en France.

____

4. Vous voulez conduire votre propre voilier.

____

5. Vous prenez votre voiture.

____

Übung 6: Lesen Sie die Definitionen und finden Sie das passende Wort!

1. Cette personne a été attaquée, c'est une v _______________

2. Cette femme travaille sans être payée, c'est une e _____________

3. Cet homme est mauvais, il n'a pas de s ________________

4. Elle paie en cas de dommages, c'est une a ________________

5. On ne le soupçonnerait pas, il est i ________________

6. On ne peut pas acheter Cliquot, il est i ________________

Übung 7: Welche Antwort stimmt?
Kreuzen Sie die richtige Alternative an!

1. Pourquoi est-ce que Cliquot se met au garde-à-vous?
a) ☐ pour recevoir les honneurs du préfet
b) ☐ à cause de la sonnerie de son portable

2. Où est-ce que les deux policiers obtiennent leurs renseignements?
a) ☐ dans un cybercafé
b) ☐ dans les archives de la police

3. Où est-ce que le Renoir était gardé avant l'exposition?
a) ☐ dans un grenier au-dessus de la Salle des Ventes
b) ☐ dans un entrepôt à la cave

4. Pourquoi est-ce que le tableau a été volé?
a) ☐ parce que Grigore faisait partie d'une bande de Roumains organisés
b) ☐ parce que Grigore et Rodica voulaient obtenir la libération de leur sœur en échange du tableau

Lösungen

Übung 1: 1. Le samedi est fait pour se détendre. 2. Les vacances sont faites pour s'amuser. 3. Les paroles sont faites pour être prononcées. 4. La soupe est faite pour être mangée. 5. Les voitures sont faites pour rouler.
Übung 2: 1. J'ai trop mangé. 2. Je peux bien faire une petite sieste. 3. Mon assistante et moi avons beaucoup travaillé dans la semaine. 4. Les enquêtes sont toujours compliquées. 5. Qui ose m'importuner au moment de la sieste?
Übung 3: 1. de violents orages 2. des tempêtes de neige 3. Il y a du brouillard. 4. Il fait chaud. 5. de la pluie givrante 6. un vent fort
Übung 4: 1. enquête/investigation 2. à toute heure/tout le temps 3. profession/métier 4. fouiller/perquisitionner 5. à l'heure/ponctuel 6. résoudre/trouver une solution
Übung 5: männlich: le chemisier, le maillot de bain, le pantalon, le short, le manteau. weiblich: la jupe, la chemise, la robe, les chaussettes, les sandales
Übung 6: 1. toute 2. toute 3. tout 4. tout 5. toutes 6. tout 7. toutes 8. tout
Übung 7: 1. en 2. y 3. en 4. en 5. les 6. En
Übung 8: 1. richtig 2. falsch 3. falsch 4. richtig 5. falsch 6. richtig
Übung 9: 1. se réveiller 2. écouter 3. lire 4. emplacement 5. en voiture 6. plaisir
Übung 10: 1. commencent 2. de 3. les 4. courant 5. mise 6. tout 7. se réjouissait 8. oublier
Übung 11: 1. mal élevée 2. mal élevée 3. bien élevée 4. bien élevée 5. bien élevée
Übung 12: 1. La cigale et la fourmi 2. Blanche-neige et les sept nains 3. La Belle et la Bête 4. Le petit Poucet 5. Le loup et les trois petits cochons 6. Le corbeau et le renard
Übung 13: 1. savons 2. sait 3. peut 4. peux/pourrais 5. savent 6. savais
Übung 14: voyait (voyaient), rond (ronds), vifs (vivement), fou (folle), Attend (Attends), attiré (attirée), arrivée (arriver), le bouche (la bouche)
Übung 15: 1. en ligne droite 2. faire demi-tour 3. à gauche 4. appréciait 5. s'accrocher 6. rassurants 7. s'inquiéter
Übung 16: 3, 5, 1, 4, 2
Übung 17: 1. Qu'est-ce qui lui prend de poser un pied sur le camembert? 2. Qu'est-ce qui vous a pris de renverser nos boissons? 3. Qu'est-ce qui leur prend de rester au milieu du chemin? 4. Qu'est-ce qui lui prend de hurler? 5. Qu'est-ce qui leur a pris d'avoir peur?

Übung 18: 1. L'inspecteur Cliquot s'est présenté en lui disant qu'il était de la police judiciaire de Paris. 2. Le garde a bégayé qu'il s'excusait car il ne savait pas. 3. Cliquot a répondu que maintenant il savait. 4. Alors il a exigé qu'il le laisse en paix. 5. Il lui a fait remarquer qu'il gênait une enquête policière. 6. L'inspecteur a affirmé qu'il ferait mieux d'empêcher les malfrats de tirer des coups de feu.
Übung 19: 1. gardien 2. infirmier 3. professeur 4. pompier 5. fermier 6. boucher 7. président 8. boulanger 9. menuisier 10. pharmacien Lösung: inspecteur
Übung 20: 1. Il a l'air malade. 2. Les chiens n'ont pas l'air méchants. 3. Madame Durand, vous avez l'air fatiguée. 4. Elle a l'air d'avoir mal à la tête. 5. Il a l'air d'être tombé dans le Grand Canal. 6. Elle a l'air d'une gitane.
Übung 21: 1. propriétaire 2. poids 3. peser 4. attraper 5. buisson 6. dessous
Übung 22: 1. manquer de cran/avoir peu de courage 2. menacer/mettre en garde 3. buisson/arbuste 4. être capable/avoir la compétence 5. au lieu de/plutôt que 6. alors que/tandis que
Übung 23: 1. Le pique-nique de la pauvre Nathalie s'est terminé plus vite que prévu. 2. Le jeune homme était trop heureux d'avoir récupéré son vélo. 3. Les guêpes et les fourmis avaient gêné le repas.
Übung 24: 1. Si Cliquot n'avait pas fait de cheval, il n'aurait pas de courbatures. 2. Si l'inspecteur connaissait la modestie, il ne serait pas fier. 3. S'il avait déjà pris sa douche, ses courbatures ne le feraient plus souffrir. 4. Si vous aviez lu les aventures de Cliquot, vous connaîtriez le personnage.
Übung 25: 1. l'a mal pris 2. a pris peur 3. ai pris froid 4. prendrai la route 5. avais pris l'habitude 6. prends le temps
Übung 26: 1. ponctuel 2. clavier 3. vue 4. nucléaire 5. aise 6. présence 7. attention
Übung 27: 1. c, d, g, j 2. b, f, i, k 3. a, e, h, l
Übung 28: 1. Toujours 2. D'abord 3. plutôt 4. Maintenant que 5. Alors 6. finalement
Übung 29: a sauté, a posé, s'est mis, avons entendu, a atteint, s'est écroulée, ai pensé, ai cherché, s'est occupée
Übung 30: 1. keine Rosen ohne Dornen 2. Man geht dort ein und aus. 3. Übung macht den Meister. 4. Das kann ja lustig werden! 5. ins Fettnäpfchen treten 6. Du kannst was erleben!
Übung 31: 1. dans 2. sur 3. à 4. de 5. par 6. pour 7. à 8. par 9. dans 10. en
Übung 32: 1. Au secours! À l'aide! 2. SOS 3. Attention! 4. Au feu! 5. Aux abris!
Übung 33: 1. arriver à 2. se mettre à 3. terminer de 4. sembler 5. commander à

Übung 34: suivit, se retrouva, dit, trouva, s'inquiéta, assura, ajouta, se dirigèrent, s'ouvrit

Übung 35: 1. pendant que 2. toujours 3. pendant ce temps 4. Pas plus tard qu'hier 5. Il y a une semaine 6. à cet âge

Übung 36: Ils sont 1. Autrichiens 2. Belges 3. Danois 4. Anglais 5. Espagnols 6. Hongrois 7. Irlandais 8. Italiens

Übung 37: 1. tête 2. cachet 3. jambe 4. pansement 5. pied 6. pommade

Übung 38: 1. remarquables 2. courante 3. évidents 4. constantes 5. égaux 6. vif

Übung 39: 1. le mécontentement, l'indignation, la colère, la rage 2. le malaise, le mal, la douleur, la souffrance 3. le penchant, l'amitié, l'amour, la passion 4. la maladresse, la faute, le délit, le crime

Übung 40: 1. le talon, le front, le menton 2. le bandage, l'inflammation, le rhume 3. la haine, la tendresse, l'amour

Übung 41: 1. Il faut que vous le laissiez tranquille. 2. Il faut qu'il me comprenne. 3. Il faut qu'elle remette sa décision en question. 4. Il faut que tu rendes visite à la victime. 5. Il faut que je lui promette de ne rien dire.

Übung 42: 1. Un corbeau avait un fromage dans son bec. 2. Le renard était alléché par l'odeur. 3. L'oiseau voulut chanter. 4. Le pauvre animal ouvrit le bec. 5. Malheureusement, le fromage tomba. 6. Le brigand saisit le fromage et le mangea.

Übung 43: 1. il ne te manque que le nez rouge 2. il ne te manque que la jambe de bois 3. il ne te manque que le porte-document 4. il ne te manque que le stéthoscope 5. il ne te manque que le bâton

Übung 44: 1. La jeune femme, qui ne les attendait pas, est très surprise de les voir arriver. 2. Rodica, dont les réponses sont hésitantes, se sent fatiguée par cet interrogatoire. 3. S'il est amoureux comme elle le prétend, il viendra la voir pour se faire pardonner. 4. Trois lits, dont l'un est inoccupé, occupent la chambre dans laquelle elle se trouve.

Übung 45: 1. écrivez 2. avez promis 3. attendait 4. penser 5. classe 6. connaître 7. exploiter 8. vérifier

Übung 46: 1. a besoin 2. il faudrait/il faut 3. il… faut 4. avons besoin d' 5. Il faut 6. aurai besoin

Übung 47: 1. Art und Weise 2. Gleichzeitigkeit 3. Bedingung 4. Gleichzeitigkeit

Übung 48: 1. son assistante 2. sa/leur rue 3. mon immeuble 4. notre terrain de jeux 5. vos chambres

Übung 49: 1. falsch 2. richtig 3. richtig 4. falsch 5. richtig 6. falsch

Übung 50: 1. mal 2. bien 3. mal 4. mal 5. mal 6. bien

Übung 51: 1. meilleure 2. mieux en mieux 3. bien 4. bon 5. bien 6. bonnes 7. bien

Übung 52: 1. ein gutes Gedächtnis haben 2. sehr leicht sein 3. zu viel trinken 4. einen dünnen Zopf haben 5. sehr faul sein

Übung 53: 1. poser une question/donner une réponse 2. pourquoi/parce que 3. prier quelqu'un/accorder une faveur 4. l'orient/l'occident 5. chercher/trouver 6. la victime/le coupable

Übung 54: 1. d 2. e 3. f 4. b 5. c 6. a

Übung 55: 1. Pourriez-vous m'aider? 2. Voudrais-tu m'accompagner? 3. Cela te dérangerait-il de me ramener chez moi? 4. Pourrais-tu me dire l'heure? 5. Serait-il possible que vous passiez me prendre? 6. Cela vous ennuierait-il de me tenir le cheval un instant?

Übung 56: 1. à 2. _ 3. de 4. _ 5. de 6. de 7. à 8. à

Übung 57: 1. Le tableau a été volé par Grigore. 2. Des objets de valeur ont été dérobés par des voleurs. 3. Les policiers ont trouvé des indices importants. 4. Des choses sont découvertes par Cliquot et son assistante. 5. Plusieurs témoins seront interrogés par l'inspecteur.

Übung 58: 1. huit heures et quart, huit heures quinze 2. midi moins le quart, onze heures quarante-cinq 3. trois heures et demie, quinze heures trente 4. six heures moins vingt, dix-sept heures quarante 5. minuit une, zéro heure une

Übung 59: Reihenfolge: 5, 3, 6, 2, 1, 4

Übung 60: 1. laquelle 2. auquel 3. duquel 4. qui/lesquels 5. auxquelles

Übung 61: se connecta au moteur de recherche, l'écran, j'entre comme données, vol et Renoir, tapa les mots, éviter les vols d'avion, les réponses, des tableaux volés, faire des recherches, nous limitions la recherche dans le temps, le champ des réponses est trop vaste

Übung 62: 1. meilleur 2. plus mal/pire 3. raison 4. méchant 5. irréalisable 6. l'imprudence

Übung 63: 1. a, c, f 2. d, g, i 3. b, e, h

Übung 64: 1. ayant 2. se frottant 3. commerçant 4. observant 5. quittant 6. secouant 7. appuyant

Übung 65: 1. Faites attention! 2. Prends à droite! 3. Suivez-moi! 4. Donne-la moi! 5. Vas-y! 6. Regarde la pendulette!

Übung 66: 1. endroit 2. au sous-sol 3. montrant 4. vitrines 5. peintures 6. fermées 7. remarquer 8. de signal de sécurité

Übung 67: 1. b, e, f, g, i, k 2. a, c, d, h, j

Übung 68: 1. La vitre a été brisée. 2. Les tiroirs ont été fracturés. 3. L'alarme a été interrompue. 4. La fenêtre a été ouverte. 5. Le gardien a été assommé. 6. Nous avons été dérobé(e)s.

Übung 69: 1. moi-même 2. aujourd'hui même 3. la bonté même 4. la même chose 5. pour la même raison 6. le même

Übung 70: 1. heures de pointe 2. demain 3. jusqu'au soir 4. Le lendemain matin 5. cette nuit

Übung 71: 1. Celle, celle 2. ceux 3. celle 4. celui 5. celles 6. ceux

Übung 72: 1. Prenez à gauche! 2. Au feu, tournez à droite! 3. Prenez la file/la voie de gauche! 4. Vous gênez la circulation. 5. Vous vous trouvez en zone de stationnement interdit. 6. C'est un sens unique.

Übung 73: 1. richtig 2. richtig 3. falsch 4. richtig 5. falsch 6. richtig

Übung 74: 1. Ne prenez pas de risques! 2. N'intervenez pas seul! 3. Ne lui permettez pas de venir! 4. Ne roulez pas sans votre ceinture! 5. Ne changez pas de direction! 6. Ne lui interdisez pas d'y aller!

Übung 75: 1. Il n'aura pas le tableau. 2. Il sera furieux. 3. Ils viendront à l'hôpital. 4. Il voudra te tuer. 5. Tu t'assiéras ici. 6. Je verrai bien où ça me mènera.

Übung 76: 1. richtig 2. richtig 3. falsch 4. falsch 5. richtig 6. richtig

Übung 77: 1. Elle vient d'arriver sur place. 2. Il va se retrouver dans ses bras. 3. Il vient d'être frappé par-derrière. 4. Nous sommes en train de réfléchir à la question. 5. Vous allez appeler la police 6. Elle est en train d'essayer de le réveiller.

Übung 78: 1. richtig 2. richtig 3. falsch 4. richtig 5. falsch

Übung 79: 1. magasin 2. écouter 3. un gardien 4. ignorer 5. salon 6. réconforter

Übung 80: 1. qui 2. où 3. dont 4. qui 5. ce qu' 6. comme s' 7. Qui 8. que

Übung 81: 1. falsch 2. richtig 3. falsch 4. richtig 5. falsch 6. falsch

Übung 82: 1. La cigale avait chanté tout l'été. 2. L'insecte n'avait pas travaillé. 3. En hiver, l'animal n'avait rien à manger. 4. Sa voisine la fourmi avait été très courageuse. 5. La fourmi avait refusé de lui donner à manger.

Übung 83: 1. Quand 2. Si 3. Si 4. si 5. Quand 6. Quand

Übung 84: 1. Ich gebe ihm Ratschläge, aber er beachtet sie nicht. 2. Stell' dir vor! Er hat ja gesagt. 3. Er wird für seine Taten Rechenschaft ablegen müssen. 4. Er hat kein Geld mehr auf seinem Konto.

Übung 85: 1. a demandé 2. a répondu 3. a affirmé 4. s'est tournée 5. a dit 6. a reconnu
Übung 86: 1. moi-même 2. aujourd'hui même 3. même si 4. la même chose 5. pour la même raison 6. les mêmes
Übung 87: 1. détendu 2. douté 3. entretien 4. honneurs 5. l'impression 6. histoire 7. fort 8. obligées
Übung 88: 1. devenir 2. roux 3. malade 4. allons 5. avons 6. avant
Übung 89: 1. semaine 2. guêpes 3. archives 4. dimanche 5. humeur 6. fontaines
Übung 90: 1. Apollon 2. regarde 3. les 4. humains 5. depuis 6. des 7. siècles
Übung 91: 1. reposantes 2. diplomatiques 3. dernière 4. mûr 5. considérés 6. morales
Übung 92: 1. touristique 2. mondiale 3. planifiée 4. maltraités 5. honorable 6. libres 7. musicales
Übung 93: 1. a 2. b 3. c 4. a

Lösungen Abschlusstest

Übung 1: 1. À demain! 2. le dimanche 3. ce soir 4. dimanche dernier 5. la semaine prochaine
Übung 2: 1. Elle ne semblait pas s'intéresser à lui. 2. Il n'aime ni l'air frais, ni les insectes, ni le vent. 3. Il ne roule jamais en cabriolet. 4. Personne ne l'attendait dans la voiture. 5. Rien ne lui fait peur. 6. Son assistante n'est pas encore arrivée.
Übung 3: 1. Cela vous amuse de l'embêter. 2. Cela ne t'amusera pas de venir avec nous. 3. Cela les amuse de vous écouter. 4. Cela ne l'amuse pas de l'accompagner. 5. Cela l'amuse de travailler avec lui.
Übung 4: 1. laisse faire 2. faire faire 3. aurait laissé faire 4. laisse … faire 5. a fait faire
Übung 5: 1. permis de construire 2. permis de pêche 3. permis de séjour 4. permis bateau 5. permis de conduire
Übung 6: 1. victime 2. esclave 3. scrupules 4. assurance 5. insoupçonnable 6. incorruptible
Übung 7: 1. a 2. a 3. b 4. b